整理したい！ 会社に対する

オーナー社長の金銭貸借

The Owner-Manager

税理士 野中孝男 著

税務経理協会

相続人を苦悩させるオーナー・会社間の金銭貸借

■増加した相続税の納税義務者

　平成28年中に亡くなられた被相続人は約131万人で、このうち相続税の課税対象となった被相続人数は約10万6千人、課税割合は8.1％となっています。以下の表に示すように、平成26年に比べて平成27年の課税割合は3.6ポイント増加しており、さらに平成28年は0.1ポイント増加していることが、国税庁から発表されています（「平成28年分の相続税の申告状況について」　平成29年12月）。

相続税課税対象者の割合

	平成26年	平成27年	平成28年
亡くなった被相続人	約127万人	約129万人	約131万人
上記のうち相続税の課税対象者	約5万6千人	約10万3千人	約10万6千人
課税割合	4.4％	8.0％	8.1％

　平成27年に課税割合が増加している理由は、平成25年度税制改正により、平成27年1月1日以後の相続等について、基礎控除額が【5,000万円＋法定相続人の数×1,000万円】から【3,000万円＋法定相続人の数×600万円】に引き下げられる等の見直しが行われた結果が大きく影響しており、平成27年分の課税価格の合計は、平成26年分の11兆4,766億円を大きく上回り14兆5,554億円となっています。

　このように相続税の課税が強化され、相続税の納税義務者が

増えたことから、各種の相続税対策の講演会が盛んに行われています。究極の相続税対策として、まず、挙げられるのは相続税の課税対象とされる財産の削減です。

■過去に行った会社への資金融通が、相続税課税に発展

　中小企業であるオーナー企業では、オーナー社長個人と会社の金銭取引が行われ、その金銭のやりとりが明確に区分されていないことが多々あります。特に創業時や慢性的な赤字が続いている事業年度、あるいは会社の資金繰りが厳しい状況に置かれているようなときには、一時的に社長が会社の運転資金を会社に融通することがあります。

　それが長期間続いてオーナーが高齢化し、やがて亡くなるようなときには、それがオーナー社長個人の相続財産とされます。一般的には財産価値のない同族会社への貸付金等は換価できませんので、極力削減して整理をしておかないと、莫大な相続税の納税負担となります。税理士としては相続対策の一環として、これらの金銭貸借の整理を提案する必要があります。

　反対にオーナーが個人的に資金の必要なときに、損金不算入項目である役員報酬の支給を避け、社長に対する貸付けという形式により会社から金銭を支出するケースもあります。

　被相続人となるべきオーナーに会社からの借入金があることになるため、相続後には相続人が被相続人のその債務を負担し、返済していくこととなります。

■解消の方法は税理士でも手探りの状態

　このように、オーナー企業においてオーナーとの金銭貸借の

結果として残されている貸付金・借入金については、相続開始後に相続人間で問題となることや、相続税申告後の税務調査においても重点調査項目とされることから、これらの取引を極力整理して、相続の際に発生する問題を解決しておく必要があります。

　オーナーへの貸付け（貸付金・立替金・仮払金等）・オーナーからの借入れ（借入金・仮受金・前受金等）のいずれも、整理する方法としてはいくつかの手法が考えられますが、会社に資金がないなど様々な事情を踏まえ、どれを選択するかの判断は難しいものです。

　また、擬似ＤＥＳなどの新しい手法や保険・ファンドなどを利用して、これに絡んだ相続税対策商品も存在しており、顧問税理士としてもどのような対応をすればよいか、手探りの状態にあります。

　そこで本書では、オーナーの死亡により残される相続人の苦悩を解決するために、それぞれの解決方法とその課税関係、オーナーの相続を見据えてのメリットやデメリット、実施すべきタイミング、実際に行うにあたっての留意点等について検討したうえで、税理士情報ネットワーク「ＴＡＩＮＳ」から関連判例・裁決例を抽出し、さらに、対応策の実施のために必要とされる各種文書のひな型等も掲載しました。

　本書が、オーナー社長と会社間の金銭貸借の課税上の取扱いについての基礎的な解説書として、中小企業の方々の相続税対策の一助になれば幸いです。

　最後に、本書の出版については、税務経理協会の吉冨智子氏

には、多大なご尽力をいただきました。ここに厚く御礼申し上
げます。

平成30年4月

野中　孝男

凡例

法法	法人税法
所法	所得税法
相法	相続税法
法令	法人税法施行令
所令	所得税法施行令
相令	相続税法施行令
措法	租税特別措置法
措令	租税特別措置法施行令
法基通	法人税基本通達
所基通	所得税基本通達
相基通	相続税法基本通達
財基通	財産評価基本通達
措基通	租税特別措置法関係通達
民	民法
会社	会社法

※なお、裁決・判決に記載した番号は、TAINS のコード番号です。

目次 CONTENTS

相続人を苦悩させるオーナー・会社間の金銭貸借

第1部

オーナー社長の会社に対する貸付金

1 オーナーの会社に対する貸付けの発生要因 ── 2

2 貸付けに関する課税関係と留意点 ── 4

 1 オーナーの会社に対する貸付けの概要 ── 4
 2 貸付けに係る利息に関する課税 ── 14
 3 「金融検査マニュアル」におけるオーナーからの
  借入金の位置付け ── 19

3 オーナーの会社に対する貸付金の解消方法 ── 25

 1 オーナーが会社に対し債権放棄を行う ── 25
 2 DES(デット・エクイティ・スワップ)を
  活用する ── 59
 3 擬似DESを活用する ── 82
 4 役員給与の減額分を利用して精算する ── 85

5 生命保険契約の解約金を利用して返済する ―――― 87

6 代物弁済を行う ―――――――――――――――――― 93

7 第二会社方式を活用する ―――――――――――― 103

8 貸付金を親族に贈与する ―――――――――――― 106

第2部

オーナー社長の会社からの借入金

1 オーナーの会社からの借入れの発生要因 ―――― 114

2 借入れに関する課税関係と留意点 ――――――― 116

1 オーナーの会社からの借入れの概要 ――――――― 116

2 借入れに係る利息に関する課税 ―――――――――― 120

3 オーナーへの貸付金に係る貸倒損失と貸倒引当金 - 128

4 「金融検査マニュアル」における
オーナーへの貸付金の位置付け――――――――― 133

3 オーナーの会社からの借入れの解消方法 ――― 134

1 会社がオーナーに対し債権放棄を行う ――――――― 134

2 役員退職金と相殺する ―――――――――――――― 147

3 役員給与の増額分を利用して精算する ―――――― 168

4 役員賞与で精算する ――――――――――――――― 174

5 生命保険契約を利用して返済する ―――――――― 175

6 代物弁済を行う ――――――――――――――――― 179

7 個人所有資産を譲渡した代金によって返済する ― 190

8 ファイナンス会社等に債権譲渡を行う ――――― 201

第1部

オーナー社長の会社に対する貸付金

1 オーナーの会社に対する貸付けの発生要因

　オーナー企業では、オーナーがその法人の株式の大半を所有しています。当然、事業経営上の行為についてそのオーナーがすべての責任を取ることとなります。よって、企業経営の意思決定が迅速に行われ、企業行動においてはスムーズに進行するメリットがあります。しかし、その反面、意思決定が間違っていたとしても、その決定に反対するあるいは阻止する人間がいないことから、事業を継続できずに経営に失敗することもあります。

　このようなオーナー企業は、その法人と経営者が一体であるため、個人と法人の間の経済的な取引、金銭の貸借が簡単に、かつ、頻繁に行われます。

　オーナー社長の法人への貸付けは、例えば、次のような理由により発生します。

（1）法人の運営上、金融機関からの借入れによることなく、オーナーからの借入金に頼る場合

　金融機関から融資を受ける場合、申込みに際して、決算書等様々な書類等の提出を要求され、その準備に手間と時間を要し、さらに融資する金融機関での審査にも相当の時間がかかります。さらに、借入れを行えば、金融機関に対して支払金利も生じます。よって、オーナーから一時的に借り入れることがあります。

　このような一時的な借入れについての返済は、法人の資金に余裕のある時に返済するようなケースが多く、このため、資金

繰りに余裕ができない状態が相当期間継続した場合には、その貸付額も累積していく一方となります。

同様に、法人が事業に必要な高額な資産を購入する際に、その必要資金をオーナーが立て替えることで生じる場合もあります。

（2）法人に係る経費の立替えをオーナーが行う場合

小規模事業者では、経理担当者がいないか、あるいは、存在してもその者が他の部門の担当を兼ねているような場合、オーナー自身が金銭の管理をせざるをえません。法人に係る経費であっても、オーナーである経営者がとりあえず自分の懐からその費用を立て替え、その後に精算を行わないまま金額が累積し、多額の借入金として残ってしまうことがあります。

（3）金融機関からの借入れが難しいことから、個人からの借入れに頼る場合

会社の経営状態が芳しくなく、金融機関が決算書等の数値から財務内容を検討した結果、融資が困難であるとされた等の理由から、オーナーが自己資金を法人へ貸し付ける場合があります。

2 貸付けに関する課税関係と留意点

1 オーナーの会社に対する貸付けの概要

(1) 貸付けを行う際に必要な手続き
① 金銭消費貸借契約書の作成

　会社とオーナー個人との金銭貸借は、将来、会社や残される相続人の間で、大きなトラブルを巻き起こす場合もあります。

　そこで、オーナーと会社間では、次のような金銭貸借契約書を作成することが望まれます。

金銭消費貸借契約書

　　　　　　　　　　　　　　貸主（甲）○　○　○　○
　　　　　　　　　　　　　　借主（乙）○　○　○　○

　甲と乙は、次の通り金銭消費貸借契約を締結した。

第1条　　甲は乙に対し、本日、金○○万円を貸付け、乙はこれを受領した。
第2条　　乙は甲に対し、前条の借入金○○○○円を平成○○年○○月○○日限り甲に持参又は送金して支払う。

　上記の金銭消費貸借契約を証するため、本契約書2通を作成し、各当事者署名押印のうえ、各1通を所持する。
　　平成○○年○○月○○日
　　　　　　　　貸主（甲）　住所　東京都
　　　　　　　　　　○　○　○　○　　　　　　　　㊞

借主（乙）　住所　東京都
　　　　　　　　　○　○　○　○　　　　　㊞

（注）
1　消費貸借とは、当事者の一方である借主が相手方である貸主から金銭その他の代替性のある物を受け取り、これと同種、同等、同量の物を返還する契約です（民587）。
　　この消費貸借契約は、賃貸借及び使用貸借が貸借の目的物自体を返還するのとは異なり、借主が目的物の所有権を取得し、それを消費した後に他の同価値の物を返還する点に特色があります。
2　消費貸借の対象物は金銭に限られるものではなく、物品であっても消費貸借の目的とすることができます。また、消費貸借契約書については、次のように印紙の貼付が必要となります。

（参考）

記載された契約金額	印紙税額
1万円未満	非課税
1万円以上10万円以下	200円
10万円を超え50万円以下	400円
50万円を超え100万円以下	1千円
100万円を超え500万円以下	2千円
500万円を超え1千万円以下	1万円
1千万円を超え5千万円以下	2万円
5千万円を超え1億円以下	6万円
1億円を超え5億円以下	10万円
5億円を超え10億円以下	20万円
10億円を超え50億円以下	40万円
50億円を超えるもの	60万円
契約金額の記載のないもの	200円

3　消費貸借に伴い、利息や遅延損害金についても約定する場合には、これに関する条文を加えます。

② 取締役会議事録の作成・保存

会社法では、取締役会は、法令又は定款によって株主総会の決議事項と定められた事項（会社295②）を除き、会社の業務執行全般について広範な決議決定権限を有していますが、一定の重要な業務執行については、必ず取締役会で決定することを要するものとされ、取締役に委任することができません（会社362④）。

この一定の重要な業務執行の一つに、「多額の借財」があります（会社362④二）。つまり、会社法362条4項は、「多額の借財」を行うことは会社の業務・財産に重大な影響を及ぼす事項であることから、代表取締役のみの決定ではなく取締役全員の協議により慎重な判断を行わせるための規定となっています。

この「多額」についての判断にはその基準がありませんが、判決では、その額、会社の規模、事業の状況、会社の総資産に占める割合、取引の目的、会社における従来の取扱い等の事情を総合的に見て、個別具体的に判断することとしています（東京地裁　平成24年2月21日）。

会社の総資産の1.6％に相当する保有株式の譲渡について、金額の大きさや営業のために通常行われる取引ではないことなどから、「重要な」財産の処分にあたるとした例（最高裁　平成6年1月20日）や、出資金100万円、年間売上高2,200万円の有限会社が600万円の借入れをすることは「多額の借財」にあたるとされた例もあります。

そこで、オーナーから多額の借入れを行う場合には、上記で掲げた「金銭消費貸借契約書」のほか、以下のような取締役会

議事録の作成・保存が必要となります。

取締役会議事録

平成○○年○○月○○日午前○時○分より当会社本店会議室において取締役会を開催した。

　　　取締役の総数　　　○名
　　　出席取締役の数　　○名
　　　監査役の総数　　　○名
　　　出席監査役の数　　○名

　以上のとおり出席があったので、本取締役会は適法に成立した。代表取締役○○○○が議長となり、定刻に開会を宣し、直ちに議案の審議に入った。

第○議案　金銭消費貸借契約締結の件

　議長より、運転資金として○○○○取締役と以下の金銭消費貸借契約を締結したい旨の提案がなされ、出席者全員で慎重に、資金の用途・契約内容・返済見通し等に関して、検討した後、契約締結の是否を諮ったところ全員異議なく、可決承認した。

　なお、本議案に関して○○○○氏は特別利害関係人にあたり、議決には参加しなかった。

（1）借入額　　　　○○円
（2）返済方法
（3）利息　　　　　年利○％
（4）契約の相手　　○○
（5）契約予定日　　平成○○年○○月○○日

　以上をもって本取締役会の議案を終了したので、議長は閉会を宣し、午前○時○分散会した。

　上記議決を証するため、出席取締役が記名押印する。

平成○○年○○月○○日

○○○○株式会社

議長代表取締役　○○○○㊞

取締役　○○○○㊞

取締役　○○○○㊞

（注）

1　㋑取締役が自己又は第三者のために会社とする取引（会社356①二）、及び㋺会社が取締役の債務を保証することその他取締役以外の者との間において、会社と取締役との利益が相反する取引（会社356①三）は、会社法において利益相反取引といわれ、取締役会においてその取引について重要な事実を開示し、承認を受けなければならないこととされています（会社356①二、365①）。

2　会社と取締役との間の取引において、取締役から会社に対する無利息の金銭貸付け、債務の履行、相殺などは会社の利益を害する恐れがないため、取締役会の承認を要しないこととされています。

（2）オーナー自身の資金源の明確化

　オーナーから経営資金を借り入れる場合、オーナーがどこからその資金を引き出したか、あるいは、持ち出した金銭であるか明確にしておく必要があります。

　一般的に、多額な借入れとなる場合には、通常、オーナー個人の預金から引き出されることが多いと思います。このため、どこの金融機関等から引き出したものか、その資金源を明らかにするため、通帳等の写しや銀行の振込書を保存しておく必要があります。

　つまり、税務調査の際、課税済みの所得から蓄えた預金から支出したものであることが証明できるようにしておきます。

（3）給料を未払いとし、後にこれを法人の借入金とした場合

　給料を支払った後、つまり、源泉所得税控除後の金額を借入金として会社が受け入れている場合は、それだけでは、課税上の問題は生じません。

　ただし、通常の給料支給日に給料を支払うことができず未払いとなり、その支給総額を未払計上し、その後にその未払金を借入金に振り替えているような場合には、その金額を返済又は免除したとして、源泉所得税の問題が生じることとなります。

　つまり、所得税の源泉徴収をする時期は、現実に源泉徴収の対象となる所得を支払う時ですので、未払金に計上したときには課税問題は生じません。したがって、給与を支払うことが確定していても、現実に支払われなければ原則として源泉徴収をする必要はありません。

　しかし、未払金を借入金に振り替え、その後に借入金の返済等の処理を行う際には、法人では源泉所得税を預かり、それを納付することとなります。

　なお、未払給与をなかったことにして返還するものとしたときにも、その給与に係る源泉所得税をなかったものとすることはできません。

　また、配当等、役員賞与については、現実に支払っていない場合でも一定期間が経過した日に支払ったものとみなされる特例があり、源泉徴収をする必要があります（所法181②、183②、212⑤、所基通183-1）。

　ただし、法人税において、次のように「未払給与を支払わないこととした場合の特例」が設けられています。

法人税基本通達 4-2-3

　法人が未払給与（法第34条第1項《役員給与の損金不算入》の規定により損金の額に算入されない給与に限る。）につき取締役会等の決議に基づきその全部又は大部分の金額を支払わないこととした場合において、その支払わないことがいわゆる会社の整理、事業の再建及び業況不振のためのものであり、かつ、その支払われないこととなる金額がその支払を受ける金額に応じて計算されている等一定の基準によって決定されたものであるときは、その支払わないこととなった金額（その給与について徴収される所得税額があるときは、当該税額を控除した金額）については、その支払わないことが確定した日の属する事業年度の益金の額に算入しないことができるものとする。

　（注）　法人が未払配当金を支払わないこととした場合のその支払わないこととなった金額については、本文の取扱いの適用がないことに留意する。

（4）医療法人における理事等からの運営資金の借入れの場合

　医療法人の運営において、医療法人の行為は、すべて法令等、定款（財団の場合は寄附行為）、社員総会（財団の場合は理事会）の決定に拘束され、理事長等が独断で処理することはできません。

　日常の業務、金銭出納等については、社員総会等の委任を受けているものとみなすことができますが、一定の規模を超える新たな義務の負担（例えば、借入金、改修工事、高価な物品の購入で予算に計上されていないもの等）については、必ず、社員総会（財団の場合は理事会）の議決を経なければなりません。

東京都の「医療法人設立の手引き」（平成 28 年 3 月）では、「理事は、医療法人の資産の管理において、私生活のそれ（金銭出納等：筆者加筆）と混同することができません。資金の一時的な融通のために、理事等が医療法人に貸付けを行うことも、適当ではありません」と、医療法人の運営の原則を示しています。

ところが、長年、医療法人を運営していると、理事等から借入が生じ、その金額が累積することもあります。

そこで、医療法人の経営の透明化の確保の観点から、ＭＳ（メディカルサービス）法人等との取引報告義務（改正医療法 51）について、都道府県知事に対し、会計年度終了後 3 月以内に、①事業報告書、②貸借対照表、③損益計算書、④監事報告書のほかに、次に掲げるような、⑤「関係事業者との取引の状況に関する報告書」を追加して届け出ることが必要となりました。

なお、この取扱いは平成 29 年 4 月 2 日以後開始する会計年度から適用されることとなりますので、注意が必要です。

医政発 0420 第 7 号　平成 28 年 4 月 20 日
各都道府県知事殿

厚生労働省医政局長（公印省略）

　　　医療法人の計算に関する事項について

関係事業者に関する事項について
1　関係事業者について（法第 51 条第 1 項関係）
　　法第 51 条第 1 項に定める関係事業者とは、当該医療法人と（2）に掲げる取引を行う場合における（1）に掲げる者をい

うこと。

（1）（2）に掲げる取引を行う者

① 当該医療法人の役員又はその近親者（配偶者又は二親等内の親族）

② 当該医療法人の役員又はその近親者が代表者である法人

③ 当該医療法人の役員又はその近親者が株主総会、社員総会、評議員会、取締役会、理事会の議決権の過半数を占めている法人

④ 他の法人の役員が当該医療法人の社員総会、評議員会、理事会の議決権の過半数を占めている場合の他の法人

⑤ ③の法人の役員が他の法人（当該医療法人を除く。）の株主総会、社員総会、評議員会、取締役会、理事会の議決権の過半数を占めている場合の他の法人

（2）当該医療法人と行う取引

① 事業収益又は事業費用の額が、1千万円以上であり、かつ当該医療法人の当該会計年度における事業収益の総額（本来業務事業収益、附帯業務事業収益及び収益業務事業収益の総額）又は事業費用の総額（本来業務事業費用、附帯業務事業費用及び収益業務事業費用の総額）の10パーセント以上を占める取引

② 事業外収益又は事業外費用の額が、1千万以上であり、かつ当該医療法人の当該会計年度における事業外収益又は事業外費用の総額の10パーセント以上を占める取引

③ 特別利益又は特別損失の額が、1千万円以上である取引

④ 資産又は負債の総額が、当該医療法人の当該会計年度の末日における総資産の1パーセント以上を占め、かつ1千万円を超える残高になる取引

⑤ 資金貸借、有形固定資産及び有価証券の売買その他の取引の総額が、1千万円以上であり、かつ当該医療法人の当該会計年度の末日における総資産の1パーセント以上を占める取引

⑥　事業の譲受又は譲渡の場合、資産又は負債の総額のいずれか大きい額が、1千万円以上であり、かつ当該医療法人の当該会計年度の末日における総資産の1パーセント以上を占める取引

2　関係事業者との取引に関する報告について

（1）　報告内容について関係事業者との取引に関する報告については、次に掲げる事項を関係事業者ごとに記載しなければならない。

①　当該関係事業者が法人の場合には、その名称、所在地、直近の会計期末における総資産額及び事業の内容

②　当該関係事業者が個人の場合には、その氏名及び職業

③　当該医療法人と関係事業者との関係

④　取引の内容

⑤　取引の種類別の取引金額

⑥　取引条件及び取引条件の決定方針

⑦　取引により発生した債権債務に係る主な科目別の期末残高

⑧　取引条件の変更があった場合には、その旨、変更の内容及び当該変更が計算書類に与えている影響の内容

ただし、関係事業者との間の取引のうち、次に定める取引については、報告を要しない。

イ　一般競争入札による取引並びに預金利息及び配当金の受取りその他取引の性格からみて取引条件が一般の取引と同様であることが明白な取引

ロ　役員に対する報酬、賞与及び退職慰労金の支払い　「医療法人における事業報告書等の様式について」（平成19年3月30日　医政指発第0330003号）において示されている様式に沿って報告すること。

なお、会計基準を適用している場合については、「医療法人会計基準適用上の留意事項並びに財産目録、純資産変動計算書及び附属明細表の作成方法に関する運用指針」（平

成 28 年 4 月 20 日医政発 0420 第 5 号）の関係事業者に関
する注記例と同一の様式であることを申し添える。
（2） 報告期限について関係事業者との取引の状況に関する報告
書は法第 51 条で定める事業報告書等に含まれることから、
会計年度終了後 3 月以内に所管の都道府県知事に届け出るこ
と。

　この報告書は、一定規模以上の医療法人について、その役員
と特殊の関係がある事業者との取引状況に関する報告書を作成
し、都道府県知事に届出をすることになるものであり、主にＭ
Ｓ法人との取引関係の透明化、適正性を明らかにするものです
が、理事等の個人である関係事業者との取引もその対象となり
ますので注意が必要です。

2　貸付けに係る利息に関する課税

（1）利息収入の所得区分

　オーナーが法人に対して金銭の貸付けを行い、それに係る利
息を収受した場合、当然、オーナーは個人の所得税の確定申告
をする必要があります。

　その利息収入は、所得税法上、通常、利子所得ではなく雑所
得として申告することとなりますので注意が必要です。

　このオーナーが法人から受け取る貸付金に係る利息について
の所得区分に関しては、次の判例において明らかにされている
ように、貸付けの頻度や貸付金額の大小等を総合的に勘案し
て、その判断を行います。

東京地裁　平成3年3月26日、東京高裁　平成4年1月30日、
最高裁　平成4年7月9日（Z182-6680、Z188-6840、
Z192-6937）

　金銭の貸付行為が所得税法上の事業に該当するか否かは、被告
も主張するとおり、社会通念に照らして、その営利性、継続性及
び独立性の有無によって判断すべきものと解するのが相当であり、
具体的には、利息の収受の有無及びその多寡、貸付の口数、貸付
の相手方との関係、貸付の頻度、金額の大小、担保権設定の有無、
人的及び物的設備の有無、規模、貸付宣伝広告の状況等諸般の事
情を総合的に勘案して、右の点を判断すべきものと考えられる。

（注）下線は著者が加筆

　なお、給与所得者の場合で、1か所から給与等の支払を受け
ており、給与等の収入金額が2,000万円以下で、その給与に
ついて源泉徴収や年末調整を受けている場合において、給与所
得及び退職所得以外の所得金額の合計額が20万円以下であれ
ば、原則として確定申告する必要はありませんが、その者が同
族会社の役員である場合で、その同族会社から給与のほかにこ
のような貸付金の利子を受け取っているときには、これらの所
得金額が20万円以下であっても確定申告が必要となります
（所法121、190、所令262の2）。

（2）個人の法人に対する貸付けを無利息とする場合

　役員から法人が金銭を無利息で借りた場合は、その金銭の貸
借が不自然、不合理であるような特別な場合を除いて、現在の
ところ、かなり多額の借入金でない限り、税務上の問題は生じ
ないと思われます。

個人は法人と違い利益の追求だけを目的とするものではないことから、個人が法人に対し無利息で金銭を貸す、すなわち個人が所有する資産を非経済的に運用しても、税務上の問題は生じません。

　このため、法人に対し無利息貸付けを行っても、受取利息の認定課税は行われず、また、オーナーから無利息貸付けを受けた法人においては、支払利息と支払利息の免除益が相殺され、課税問題は生じないこととして取り扱われています。

　ただし、オーナーと会社の間で、金銭の貸借について金銭消費貸借契約書の作成も行われずに、利息の支払いもせず、また、具体的に借入金の返済計画がないときには、その貸付けを受けた資金の分の贈与があったものとされる可能性もあることから、返済期日を決めた返済計画等を記載した消費貸借契約書を作成しておく必要があります。

（3）オーナーの法人への無利息利息融資が認められなかった判例〔平和事件〕

　通常は（2）で説明したように、オーナーからの無利息借入については、原則として、課税問題は生じないとして取り扱われますが、次に掲げる「平和事件」では、出資者の法人に対する無利息貸付けについて経済的合理性がないこととされ、認定利息を計上した原判決が容認されています。

　この事案は、同族会社H社の出資者Xが、H社に対し無利息で金員の貸付けをしたところ、Y税務署長が、いわゆる行為計算否認の規定を適用し、Xには利息相当分の利息収入が生じたものとし、雑所得として認定し、Hに対し、更正処分及び過少

申告加算税の賦課決定処分を行ったもので、次のような判決内容となっています。

> **東京地裁 平成9年4月25日、東京高裁 平成11年5月31日、最高裁 平成16年7月20日（Z 223-7906、Z 243-8416、Z 254-9700）**
>
> ある個人と独立かつ対等で相互に特殊関係のない法人との間で、当該個人が当該法人に金銭を貸し付ける旨の消費貸借契約がされた場合において、右取引行為が無利息で行われることは、原則として通常人として経済的合理性を欠くものといわざるを得ない。そして、当該個人には、かかる不自然、不合理な取引行為によって、独立当事者間で通常行われるであろう利息付き消費貸借契約によれば当然収受できたであろう受取利息相当額の収入が発生しないことになるから、結果的に、当該個人の所得税負担が減少することとなる。そして、右の消費貸借が株主等の所得税を減少させる結果となるときは、同族会社が当該融資金を第三者に対する再融資の用に供する場合でなくとも、不当に株主等の所得税を減少させる結果となるものというべきである。
>
> したがって、<u>株主等が同族会社に無利息で金銭を貸し付けた場合には、その金額、期間等の融資条件が同族会社に対する経営責任若しくは経営努力又は社会通念上許容される好意的援助と評価できる範囲に止まり、あるいは当該法人が倒産すれば当該株主等が多額の貸し倒れや信用の失墜により多額の損失を被るから、無利息貸付けに合理性があると推認できる等の特段の事情がない限り、当該無利息消費貸借は所得税法157条の規定の適用対象になるものというべきである。</u>

（注）下線は筆者が加筆

控訴審判決では、個人の法人に対する無利息貸付けについて、所得税法157条を適用して通常収受すべき利息を収入金額として認定しえることについて原判決を容認しています。

この事案は 3,455 億円と巨額な貸付けであることから、特殊な事案であるかもしれませんが、この判例の結果、最近、これよりかなり少額な元本に係る無利息融資についても、税務調査で課税対象とされているという情報もありますので、注意しなくてはなりません。

（4）貸付けに対し法人が高額な金利等を支払う場合

法人が金融機関から借入れをすることができる状況があるにもかかわらず、あえてオーナーから借入れを行う場合や、資金が必要でもないのにオーナーから借り入れ、その借入れに対しオーナーに金利を支払うような場合には、その行為に対して相応の理由があると認められる場合を除き、役員賞与とされる可能性があります。これは、通常認められる金利以上の利息を支払う場合も同様の取扱いとなります。

なお、会社がオーナーに金銭を貸し付けた場合の適正金利は、次に掲げる所得税基本通達 36-49 に掲げる割合によりますが、逆にオーナーが会社に金銭を貸し付けた場合に収受する際の適正金利も同様になると思われます。

所得税基本通達 36-49
（利息相当額の評価）

使用者が役員又は使用人に貸し付けた金銭の利息相当額については、当該金銭が使用者において他から借り入れて貸し付けたものであることが明らかな場合には、その借入金の利率により、その他の場合には、貸付けを行った日の属する年の租税特別措置法第 93 条第 2 項《利子税の割合の特例》に規定する特例基準割合による利率により評価する。

（5）後日に延滞していた金利の支払いを一括して行う場合

　オーナーが金銭を貸し付けた当初は会社の業績がよくないことから、オーナーに対し、金利の支払いをせずに、その後業績が回復し資金繰りにも都合がついたときに、さかのぼって過去の分の金利を含めて支払いをまとめて行うよう場合、会社においてその支払利息は損金の額に算入することはできず、利益調整のために支出された特別な経費であるとみなされて、役員賞与となる可能性があります。

3　「金融検査マニュアル」におけるオーナーからの借入金の位置付け

　金融検査とは、金融機関の健康状態（つまり健全性）や営業体制を検査するもので、「人間ドック」にもたとえられ、これに伴う金融検査マニュアルとは、検査官が、金融機関を検査する際に用いる手引書として位置付けられるものでした。導入時には、各金融機関においては、自己責任原則に基づき、経営陣のリーダーシップの下、創意・工夫を十分に生かし、それぞれの規模・特性に応じた方針、内部規程等を策定し、金融機関の業務の健全性と適切性の確保を図ることが期待されていました。

　このマニュアルが導入された当時は、バブル崩壊後の不良債権問題が深刻となっており、このマニュアルの存在は日本の金融システム回復に貢献したとされ評価されています。

　この金融検査は、具体的には、金融機関が融資をする際に担保を取っているかどうかではなく、企業の将来性等を評価しているかを重視し、金融機関の将来に向けたビジネスモデルや経

営の管理体制、いわゆるガバナンスに問題がないかに着目し、重点的に検査をすることにしていました。

特に、中小企業向け融資に重点を当てた「金融検査マニュアル別冊（中小企業融資編）」は、平成14年6月に策定され現在に至っていますが、平成29年2月の有識者会議で、この「検査マニュアル」に関し「画一的な事後対応を迫り、行政官の創意工夫を阻害する」との意見が出たことから、金融庁は既にこの「検査マニュアル」の運用を停止し、金融機関に対する検査・監督の軸足を、ビジネスモデルの持続可能性や金利上昇など潜在的なリスクへの対応に移しています。

現在、運用が停止されている「金融検査マニュアル」（2018年末めどに廃止予定）では、代表者からの借入金について、次の4つの事例において、中小企業では代表者等との一体性に着目し、代表者等からの借入金、代表者の報酬、代表者等の個人資産等を勘案して、以下のようにその企業を評価しています。

（1）事例1

概況
　債務者は、当金庫メイン先（シェア100％、与信額：平成13年3月決算期、借入残高30百万円）。店周先の商店街で家電販売業を営む取引歴15年の先である。

業況
① 5年前近隣地区に大型量販店が進出した影響を受け、売上は徐々に減少し前期では50百万円とピーク時の2/3の水準になっている。
② 2期連続の赤字（前期1百万円）を計上し前期に債務超

過（前期末 1 百万円）に陥っている。従業員は現在夫婦
2 人のみである。代表者は、商店街の会長を長く務めた
人物で人望もあり、事業継続の意欲は強い。

③ 連続赤字で債務超過にあることから返済財源は捻出でき
ず、このため、代表者が定期的に債務者に貸し付ける（前
期末残高 20 百万円）ことにより返済している。貸出金
は自宅兼店舗取得資金等であるが、条件変更は行ってお
らず、延滞も発生していない。

④ 代表者は、個人として賃貸物件等の資産を多額に保有し、
当該賃貸物件からの現金収入も多額にある。最近、同業
他社との連携やアフターサービスの充実に力を入れてお
り、その効果から赤字は解消傾向にある。

評価

　当金庫は、代表者からの借入金を債務者の自己資本相当額
とみなすと資産超過であり、延滞の発生もないことから、正
常先であるとしている。

（2）事例2

概況

　債務者は、当信金メイン先（シェア 55%、与信額：平成
13 年 3 月決算期、借入残高 100 百万円）。地元スーパー等
を主な顧客とした広告代理業を営む業歴 10 年超の会社であ
り、当信金とは創業当時から取引がある。

業況

① 最近の景気低迷等の影響から売上は横ばいとなってお
り、2 期連続して赤字を計上し、繰越欠損金（30 百万円）
を抱えている。当金庫は、経常運転資金に加え、5 年前
に事務所改装資金に応需している。

第1部 オーナー社長の会社に対する貸付金

21

② 債務者の赤字は、売上が低迷している中においても、相変わらず多額の代表者報酬や支払家賃を計上していることが主な要因である。

③ 当金庫は、今期、代表者報酬の削減について強く指導していく方針を持っている。

④ なお、現在まで延滞や条件変更の発生はない。

評価

　当金庫は、現状、多額の代表者報酬が赤字の原因であり、返済は正常に行なわれていることから、正常先としている。

（3）事例3

概況

　債務者は、当金庫メイン先（シェア80％、与信額：平成13年12月決算期、借入残高180百万円）。不動産仲介、賃貸及び戸建分譲の3分野を手掛けている昭和62年に取引を開始した不動産業者である。

業況

① 最近の景気低迷による仲介物件や戸建分譲の減少から、売上は下落傾向にある（前期146百万円）ため、毎期赤字を計上している。

② バブル期の分譲プロジェクト計画が頓挫して塩漬けになっている土地が多額の含み損を抱えていることから前期100百万円の実質債務超過となっている。

③ 当金庫の融資額は上記プロジェクト資金で、これまで元本の期日延長を繰り返していたが、ここにきてようやく期日一括返済から長期間にわたる約定返済に切り替え、代表者が個人預金から返済を行っている。

④ 代表者は、土地等の不動産（処分可能見込額ベース）及び家族預金等を前期末で合計120百万円程度有している。

評価

　当金庫は、代表者は会社が有事の際には私財を提供する覚悟があることが確認できていることから、法人・個人一体として考えると債務超過の状態にはなく、加えて現に、代表者が返済していることを踏まえ、要注意先としている。

（4）事例4

概況

　債務者は、当信組メイン先（シェア100％、与信額：平成13年12月決算期、借入残高20百万円）。代表者夫婦（共に55歳）で経営するパン屋で、代表者が平成9年にそれまで勤めていた会社を辞め、退職金を基に自宅の一部を店舗に改造し、開業した。

業況

① 開業後約2年は黒字で推移したが、その後は急速に顧客が減り、現在はほとんど近所の固定客に限られ、大幅な赤字経営となっている。

② 代表者には自宅兼店舗以外には見るべき資産はないことから、当信組が応需した開業資金（元利20万円／月の返済）は、昨年初より返済が滞りがちになり、最近では3ヶ月遅れて入金されていた 。

③ 当信組は13年11月、代表者から返済条件緩和の申出を受けたが、その際、代表者の長男が現在の遅延金の一括支払を行い、さらにその後の返済や最終の回収に問題が発生した場合には、長男自身が支払う旨の申出を受けたことから、約定返済額の軽減（元利10万円／月、最終期日に残額一括返済）に応じている。

④ 当該長男は35歳で子供が1人おり、代表者夫婦と同一市内に住む会社員で、年収は9百万円程度と本人から聞

いている（長男は債務者の保証人となっていない。）。な
お、代表者は事業継続に強い意欲を持っている。

評価
　当信組は、債務者の返済能力に問題はあるものの、代表者
の長男から支援意思の確認ができ、資力も問題ないと考えら
れることから、最終的な返済の懸念はないとして、要注意先
としている。

3 オーナーの会社に対する貸付金の解消方法

1 オーナーが会社に対し債権放棄を行う

> **債権放棄活用のポイント**
>
> ☑ オーナーが会社に対する貸付金を放棄するとその金額は益金とされ、法人に青色欠損金がない限り、法人税の課税対象となり、法人税が課税されます。
> ☑ オーナーが会社に対する貸付金を放棄すると株式の評価額が上昇し、オーナー以外の株主に対し、贈与税が課税されることがあります。
> ☑ 債権放棄については、文書等によりその行為があったことを明確にしておく必要があります。
> ☑ 繰越欠損金制度は活用時期等を十分検討し、場合によっては法人の解散も視野に入れて活用します。

(1) 債権放棄の意思表示

　債権放棄は、債権者が債務者に対して一方的にその意思を表示すればよく、債務者の同意は必要としないとされています(民519)。

　つまり、オーナー役員が債権放棄の意思表示をすれば、法人側での債権放棄の受入れに対しての意思表示は不要と思われますが、次のような文書により、オーナー側の債権放棄通知書又は念書により意思表示を明らかにし、可能な限り債務免除受入法人の取締役会議事録等の証拠書類を作成・保存することが必要と思われます。

債権放棄通知書

〇〇〇〇株式会社殿

　私は、貴社への貸付金、金〇〇〇〇円を有しておりますが、本日、私は本書面をもって、このうち金〇〇〇〇円の債権を放棄いたします。

　　　　平成〇〇年〇〇月〇〇日
　　　　住所　東京都〇〇区〇〇町△丁目△番△号
　　　　氏名　　〇　〇　〇　〇　㊞

　　　　　　　　　　　　　平成〇〇年〇〇月〇〇日

東京都〇〇区〇〇町△丁目△番△号
（債務者）〇〇〇〇株式会社
　　　　　〇〇〇〇　殿

　　　　　　　　東京都〇〇区〇〇町△丁目△番△号
　　　　　　　　（債権者）　〇　〇　〇　〇㊞

念　　書

　私は、貴社に対し、〇〇〇〇〇円の貸付債権を有しておりますが、貴社の存続及び業績の回復を図るために、このたび、ここに上記債権のうち〇〇〇〇円を放棄します。

臨時株主総会議事録

　平成○○年○○月○○日午前○時より、当会社において臨時株主総会を開催した。

株主の総数	○名
発行済株式総数	○株
議決権を行使できる株主の総数	○名
議決権を行使することができる株主が有する議決権の総数	○個
議決権を行使することができる出席株主数（委任状によるものを含む）	○名
この議決権の総数	○個

　上記のとおり株主全員の出席があったので、本総会は適法に成立した。

　よって、代表取締役○○○○は株主総会を開会し、同人議長席につき議事に入った。

総会目的事項

議題　債務免除の件

　議長はこのたび、債権者○○○○氏より債権の一部放棄の申し出でがあったので、今後、会社の存続及び業績の回復を図るためにも、これを受け入れたき旨を述べ、議場には諮ったところ、全会一致をもって次の通り承認可決した。

債権金額　金○○○○万円

　議長は、以上をもって議事を終了したき旨を述べ閉会を宣し散会した。

　上記議決を証するため、出席取締役が記名押印する。

　平成○○年○○月○○日

○○○○株式会社

	議長代表取締役	○○○○㊞
	取締役	○○○○㊞
	取締役	○○○○㊞

（注）債権放棄通知書あるいは念書については、次に掲げる裁決にもある
　　ように、税務当局等とのトラブル防止のために、公証人により確定日付
　　を付して証明を受けておくと確実な証拠資料となります。

　なお、オーナーからの借入金について、債権放棄の意思表示
の有無と信憑性に関しては、次のような裁決例があります。

裁決　平成20年3月4日（F0-3-235）

　請求人は、被相続人が同族会社に対し7回にわたって交付した
金員について、一部は相続開始の1年半前に債権放棄され、その
後のものは、提供の都度贈与されたものであり、相続開始時には
存在しない旨主張する。

　しかしながら、当該金員は、相続開始の1年半前までにされた
3回の交付のとき及びその後の4回の交付のときのいずれも当該
同族会社において短期借入金勘定に計上されており、同社が当該
貸付金について債務免除を受けたとして特別利益に計上したの
は、相続開始の2日後であるから、当該貸付金が相続開始日現在
において存在していたことは明らかである。

　また、被相続人が、当該同族会社に対し、債権の放棄をし、又
は贈与を行ったことを裏付ける客観的な証拠はないばかりか、債
権放棄や贈与の意思表示を行っていないことは、請求人も認める
とおりである。

　同社は、いずれもその都度短期借入金として計上し、相続開始
の2日後に至り、短期借入金から債務免除益として特別利益に計
上したのであるから、その時点において、債権放棄があったと認
識したものと認められる。

したがって、当該貸付金は、相続財産であると認められる。な
お、請求人は、債権放棄又は贈与により、当該同族会社は、既に
存在していなかった借入金を相続開始の2日後に特別利益として
経理したにすぎない旨主張するが、上記のとおり、相続開始前に
債務免除等がされた事実は認められず、また、同社代表者及び顧
問税理士は、当審判所に対し、相続開始の約11月前に期末が到
来した事業年度の決算書に当該貸付金に係る短期借入金の計上が
あることについて、互いに確認した上、短期借入金とした旨答述
していることからも請求人の主張は採用できない。

（注）下線は著者が加筆

裁決　平成11年6月30日（関信　裁決番号　平100117）
　原処分庁は、本件貸付金を放棄したのは本件相続開始の後であ
る旨主張する。しかしながら、共同相続人は、本件相続開始前に
被相続人に代わって本件債権放棄通知へ署名押印した旨答述して
おり、この答述に矛盾する点はなく、信用できると認められるこ
と、本件債務免除受贈益の本件借入金補助元帳への記録が本件相
続開始日以降であるとしても、このことをもって、本件債権放棄
通知書への代理署名及び押印した日が本件相続開始の後であると
するのは相当でないこと並びに本件債権放棄通知書の債務者名の
間違いは単なる記載誤りと認められるので、このことをもって、
同通知書の存在を否定することは相当でなく、本件債権放棄通知
書への代理署名及び押印が本件相続開始の後にされたとは断定で
きない。
　したがって、被相続人は、本件相続開始前に作成された本件債
権放棄通知書によって本件貸付金を放棄する旨の意思表示をした
ものと認めるのが相当であるから、原処分庁の主張には理由がな
い。

　この2つの裁決事例では、債務免除の事実の証明が問題とな
っています。

つまり、債務者に対する債務免除の事実は、前掲のような書面により明らかにされていれば足り、この場合、必ずしも公正証書等の公証力のある書面によることを要しませんが、書面の交付の事実を明らかにするためには、債務者から受領書を受け取るか、内容証明郵便等により交付することが望ましいとされています（国税庁質疑応答事例（法人税）「第三者に対しての債務免除」）。

（2）法人側の債務免除益課税

オーナーが法人に対する貸付金を放棄する場合、法人側ではその債務免除を受けた金額について収益に計上することとなります。

つまり、法人税法22条2項では、「内国法人の各事業年度の所得の金額の計算上当該事業年度の益金の額に算入すべき金額は、別段の定めがあるものを除き、資産の販売、有償又は無償による資産の譲渡又は役務の提供、無償による資産の譲受けその他の取引で資本等取引以外のものに係る当該事業年度の収益の額とする」としており、収益の額については、「第2項に規定する当該事業年度の収益の額及び前項各号に掲げる額は、一般に公正妥当と認められる会計処理の基準に従って計算されるものとする」（法法22④）とし、債務免除益については、債務免除を受けた法人は益金の額に算入されることとなります。

判例でも、「債務免除はその動機ないし目的のいかんを問わず、法人税法第22条第4項にいう資本等の金額の増加又は減少を生ずる取引、つまり資本等取引に該当せず、益金の額に算入すべきものである」（東京地裁　昭和50年5月6日）とし

ています。

　これに対し、債権放棄をする者が法人の場合、原則として寄附金又は貸倒損失となり、代表者又は役員本人である場合にはその者については原則として課税の問題は生じませんが、下記（6）で説明しますが、同族会社の場合、その債権放棄により法人の株式又は出資の評価額が増加することにより、他の株主に対し贈与税課税が生ずることとなります（相基通9-2（3））。

　なお、オーナー借入金が存在する法人では、一般的には青色欠損金が存在することから、債務免除を受けても、課税所得が発生しないことが多くあります。つまり、青色欠損金を活用して法人税の課税所得を圧縮することができます。

　このオーナーが債権放棄を行う場合、逆の言い方をすると、オーナーから債務免除を受ける場合、貸付金額の評価、債権放棄の意思表示及び青色欠損金の損金算入規定の適用について問題となります。

（3）法人が解散した場合の期限切れ欠損金の損金算入

　法人税の税金負担の観点から、オーナーからの債権放棄は法人の青色欠損金を有効に活用して実行されることとなりますが、特に、会社を解散して清算を行う場合には、期限切れ欠損金額まで活用することができることになります。

　つまり、法人が解散した場合において、残余財産がないと見込まれるときは、その清算中に終了する事業年度前の各事業年度において生じた欠損金額（期限切れ欠損金）に相当する金額は、青色欠損金等の控除後の所得の金額を限度として、その事業年度の所得の金額の計算上、損金の額に算入されます（法法

59③)。

　この「残余財産がないと見込まれる」かどうかは、法人の清算中に終了する各事業年度終了の時の現況によります（法基通12-3-8）。また、解散した法人がその事業年度終了の時において債務超過の状態にあるときは、「残余財産がないと見込まれるとき」に該当します（法基通12-3-7）。

図表　「残余財産がないと見込まれる」どうかの判定

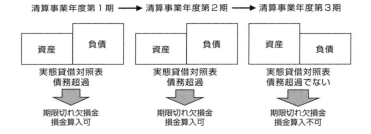

　なお、この規定が適用される場合において、損金の額に算入される金額は、次の①及び②の金額のうち少ない金額となります（法法59③、法令118、法基通12-3-2）。

欠損金額

= [適用年度終了の時における前事業年度以前の事業年度から繰り越された欠損金額の合計額 ＋ 適用年度終了時における資本金等の額がマイナスである場合のその資本金等の額の絶対値]

－ 青色欠損金又は災害損失欠損金の額のうち適用年度の損金の額に算入される金額 ……………………… ①

当期の所得金額

$$= \begin{array}{c}\text{別表四「38」}\\ \text{①欄の金額}\end{array} - \begin{array}{c}\text{青色欠損金又は災害損失欠損金}\\ \text{の当期控除額（別表七（一）「4}\\ \text{の計」欄の金額)}\end{array} \quad\cdots\cdots\cdots\cdots\quad ②$$

　つまり、清算中の事業年度において損金算入の対象となる期限切れ欠損金額は、その事業年度における法人税申告書別表五（一）の「期首現在利益積立金額①」の「差引合計金額31」欄に記載されるべき金額がマイナス（△）である場合のその金額から、その事業年度に損金の額に算入される青色欠損金額又は災害損失欠損金額を控除した金額となり、期限切れ欠損金額については、その事業年度の青色欠損金額等の控除後の所得の金額が限度ではありますが、かなりの額の損金算入が可能となります。

　この規定を適用して、期限切れ欠損金額を損金に算入する場合には、別表七（一）ではなく、別表七（三）により申告することとなります。

　したがって、多額のオーナー借入金があり、これを整理する場合には法人を解散し、清算する手法も検討に値しますが、いつの時点で借入金の債務免除を受けるかについては、「残余財産がないと見込まれるとき」に該当するように、その免除を受ける時期に関しては十分な検討が必要となります。

　なお、残余財産がないことの見込みが変わった場合、仮に、その後に状況が変わって当初の見込みとは異なる結果となったとしても、過去において行った期限切れ欠損金額の損金算入に影響を与えません。つまり、過去の申告について、さかのぼって修正する必要はありません。

この「残余財産がないと見込まれる」かどうかは、一般的には、実態貸借対照表によりその法人が債務超過の状態にあるかどうかにより確認することができますが、これに限られるものではなく、例えば、裁判所若しくは公的機関が関与する手続、又は、一定の準則により独立した第三者が関与する手続において、法人が債務超過の状態にあることなどをこれらの機関が確認している場合には「残余財産がないと見込まれるとき」に該当するものと考えられます。

　また、この場合の「残余財産がないと見込まれることを説明する書類」は、必ずしも実態貸借対照表による必要はなく、これらの手続の中で作成された書類によることができます。

　さらに、実在性のない資産については、法人が解散した場合における期限切れ欠損金額の損金算入措置の適用上、過去の帳簿書類等の調査結果に応じて、それぞれ次のとおり取り扱うこととなっています。

　イ　過去の帳簿書類等を調査した結果、実在性のない資産の計上根拠（発生原因）等が明らかである場合

　（イ）　実在性のない資産の発生原因が更正期限内の事業年度中に生じたものである場合

　　　法人税法 129 条 1 項《更正に関する特例》の規定により、法人において当該原因に応じた修正の経理を行い、かつ、その修正の経理を行った事業年度の確定申告書を提出した後、税務当局による更正手続を経て、当該発生原因の生じた事業年度の欠損金額（その事業年度が青色申告の場合は青色欠損金額、青色申告でない場合には期限切れ欠損金額）とされます。

（ロ）　実在性のない資産の発生原因が更正期限を過ぎた事業年度中に生じたものである場合

　　　税務当局による更正手続はないものの、実在性のない資産は当該発生原因の生じた事業年度に計上したものであることから、法人において当該原因に応じた修正の経理を行い、その修正の経理を行った事業年度の確定申告書上で、仮に更正期限内であればその修正の経理により当該発生原因の生じた事業年度の損失が増加したであろう金額をその事業年度から繰り越された欠損金額として処理する（期首利益積立金額から減算する）ことにより、当該発生原因の生じた事業年度の欠損金額（その事業年度が青色申告であるかどうかにかかわらず期限切れ欠損金額）とされます。

ロ　過去の帳簿書類等を調査した結果、実在性のない資産の計上根拠（発生原因）等が不明である場合

　　裁判所が関与する破産等の法的整理手続、又は、公的機関が関与若しくは一定の準則に基づき独立した第三者が関与する私的整理手続を経て、資産につき実在性のないことが確認された場合には、実在性のないことの客観性が担保されていると考えられます。このように客観性が担保されている場合に限っては、その実在性のない資産がいつの事業年度でどのような原因により発生したものか特定できないとしても、その帳簿価額に相当する金額分だけ過大となっている利益積立金額を適正な金額に修正することが適当と考えられます。

　　したがって、このような場合にあっては、法人において

修正の経理を行い、その修正の経理を行った事業年度の確定申告書上で、その実在性のない資産の帳簿価額に相当する金額を過去の事業年度から繰り越されたものとして処理する（期首利益積立金額から減算する）ことにより、期限切れ欠損金額とされます。

なお、「残余財産がないと見込まれるとき」の判定について、国税庁の質疑応答事例では次のように説明がされています。

質疑応答事例（国税庁）

法人が解散した場合の設立当初からの欠損金額の損金算入制度（法法59③）における「残余財産がないと見込まれるとき」の判定について

【照会要旨】
① A社は、平成28年9月30日に解散したが、その時点における貸借対照表の純資産額は△100,000千円である。
② A社は、平成28年10月31日に土地の譲渡を行い、その売却益150,000千円を計上したことにより、純資産の部が50,000千円となり、債務超過の状態を解消することとなった。
③ A社は、平成28年11月30日に残余財産が確定したことから、平成28年10月1日から平成28年11月30日まで

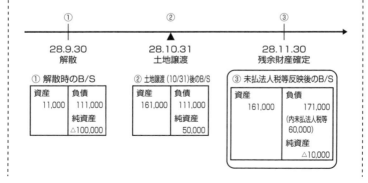

の事業年度（以下「平 28/11 期」という。）における法人の
所得計算をしたところ、法人税等の額(相手科目：未払法人税等)
が 60,000 千円発生するため、純資産の部が△ 10,000 千円
となる。

　　上記のような事実関係がある場合、法人が解散した場合の
設立当初からの欠損金額の損金算入制度（法法 59 ③）の適
用に際し、平 28/11 期（適用年度）に残余財産がないと見
込まれるとき（債務超過の状態にあるとき）に該当するかど
うかは、上記③の状態で未払法人税等を負債に含めたところ
で判定して差し支えありませんか。

【回答要旨】　貴見のとおり、取り扱われることとなります。

（理由）

（１）　法人が解散した場合の設立当初からの欠損金額の損金算入
　　　　制度（法法 59 ③）

イ　法人が解散した場合において、残余財産がないと見込まれる
　ときは、その清算中に終了する事業年度前の各事業年度におい
　て生じた欠損金額を基礎として計算した金額に相当する金額
　は、青色欠損金等の控除後の所得の金額を限度として、その事
　業年度の所得の金額の計算上、損金の額に算入することとされ
　ています。

ロ　この場合の「残余財産がないと見込まれるとき」について、
　法人税基本通達 12- 3- 8 （（残余財産がないと見込まれるこ
　との意義））では、解散した法人が当該事業年度終了の時にお
　いて債務超過の状態にあるときは、これに該当することが明ら
　かにされています。

ハ　また、この債務超過の状態であるかどうかは、一般的には実
　態貸借対照表（法人の有する資産・負債の価額（時価ベース）
　で作成された貸借対照表）により確認できることが法人税基本
　通達 12-3-9 （（残余財産がないと見込まれることを説明する
　書類））において明らかにされています。

（２）　本件へのあてはめ

上記（1）のとおり、その法人が事業年度終了の時において債務超過の状態にあるときは、「残余財産がないと見込まれるとき」に該当することとなり、その状態は、法人の清算中に終了する各事業年度終了の時の実態貸借対照表によって判断することになります。

　御質問は、「残余財産がないと見込まれるとき（債務超過の状態にあるとき）」の判定に際し、法人税の所得金額の計算上、損金の額に算入されない法人税等の額に係る債務（未払法人税等）は含めずに判定するのではないかとの疑問によるものと思われます。

　この点、一般的に、実態貸借対照表を作成するに当たっては、事業年度終了の時において有する資産に係る含み損益、退職が見込まれる従業員に将来支給する退職金など、その時において税務上損益の実現を認められないものであっても、法人の清算に当たって実現が見込まれる損益まで考慮して、その作成がされているところです。

　このようなことからすれば、本件照会における未払法人税等についても清算中の事業年度（適用年度）において税務上損益の実現は認められないものではありますが、実態貸借対照表の作成時（平28/11末）の状況で将来発生が見込まれるものであることから、その実態貸借対照表に計上しているものと考えられます。

　したがって、本件の場合、平28/11期（適用年度）の未払法人税等60,000千円を負債に含めた実態貸借対照表に基づき「残余財産がないと見込まれるとき」の判定を行うこととなります。

　関係法令通達　法人税法第59条第3項・法人税基本通達12-3-8、12-3-9

（注）下線は著者が加筆

（4）法人の債務免除と同族会社の行為計算否認規定

　債務免除と同族会社の行為計算否認規定の適用の課否につい

ては、次のように判決において、債務免除が同族会社の行為計算否認規定に該当しないことが明確にされています。

被相続人が同族会社に行った債務免除は単独行為で「同族会社の行為計算」に該当しないとされた事例（浦和地裁　昭和56年2月25日　Z1116-4744）

被相続人Ａは、生前の昭和50年2月1日、同族会社である甲社（株式会社）に対して有する貸金1,587万円及び未収土地代661万円、計2,248万円を債務免除した。なお、甲社の代表取締役は、被相続人Ａであった。

被相続人Ａは、昭和50年7月31日に死亡し、その妻、子及び養子の計6名がその相続人となった。なお、Ａには約5億円の遺産があった。

各相続人は、相続税の申告に当たり、本件債務免除額を相続財産に含めず申告したところ、税務署長は、昭和52年10月31日付をもって、各相続人に対し、相続税の更正処分をした。税務署長は、更正処分において、相続税法64条を適用して債務免除を否認し、合計額2,248万円を分割して相続人6人の課税価格に加算している。

被相続人Ａが昭和50年2月1日に同族会社である甲社に対して有する貸金等の債権合計2,248万円を免除したことは、当事者間に争いがなく、その行為が相続税法64条の否認の対象に当たるかどうかが争点である。

本件債務免除が法律上被相続人Ａの単独行為であることは、税務署長も争わないところである。

次に、同条は、一定の要件のもとにおいて税務署長に同族会社の行為又は計算を否認できる旨を定めた規定であるが、同条1項にいう「同族会社の行為」とは、その文理上、自己あるいは第三者に対する関係において法律的効果を伴うところのその同族会社が行う行為を指すものと解するのが当然である。そうだとすると、同族会社以外の者が行う単独行為は、その第三者が同族会社との

第**①**部　オーナー社長の会社に対する貸付金

間に行う契約や合同行為とは異なって、同族会社の法律行為が介在する余地のないものである以上、「同族会社の行為」とは相容れない概念であるといわざるをえない。

　ところで、税務署長は、同族会社の行為、計算の否認規定が創設された沿革等を根拠として、「同族会社の行為」を「同族会社とかかわりのある行為」と解すべきであると主張する。

　しかし、立法の沿革等に照らしても、「同族会社の行為」が第三者の単独行為を含むものとは解されないし、いわんや、税務署長主張のような「同族会社とかかわりのある行為」という茫漠たる内容の解釈が許されるものでない。

　大正12年法律8号の所得税法中改正法律においては、否認の対象が「同族会社と特殊関係者との間における行為」とされていたが、これは、同族会社と特殊関係者とが行う行為、すなわち、両者間の契約又は合同行為を指すものであって、これに特殊関係者の単独行為が含まれると解すべき理由はない。また大正15年法律8号の所得税法中改正法律においては、否認の対象として新たに同族会社の「計算」が加えられ、その後この規定における「同族会社ノ行為又ハ計算」と同文ないし同旨の表現が現行税法に至るまで引き継がれている（法人税法132条1項、所得税法157条1項）。しかし、大正15年法によって否認の範囲が拡張されているとはいえ、あくまでも同族会社が行う行為の枠内においてであって、文理上これと相容れない第三者の単独行為までがその範囲に含まれるとは解されないことは、従前と何ら変りがないのである。

　もっとも、終戦後相続税法に同族会社の行為、計算の否認規定が導入されたことによって、大正12年の創設当時目的とされた同族会社の租税回避行為防止のほかに、同族会社と特別の関係がある個人の相続税等の回避行為を防止する機能をも有するに至ったことは、同法64条1項の規定からも明らかである。したがって、この導入を契機として、否認の範囲を直接同族会社関係者の行為にまで拡張することも可能ではあったが、もとより立法政策

の問題であり、そのような特別な立法がされず、従来の税法における同一の表現を借用している以上、相続税法の解釈において従来のそれを拡張することは、租税法律主義の原則にも反し、到底賛成することができない。

　また、税務署長は、同族会社の役員等の行為（単独行為を指すものであろう。）は同族会社の行為と同視することができると主張するが、少なくとも税法の分野においては、<u>同族会社とその役員等の個人とは明確に別個の人格であることを前提とし、そのために所得税法157条、相続税法64条等の規定が置かれている</u>のであるから、この主張も採用することができない。

（注）下線は著者が加筆

　この事件では、被相続人の相続開始の半年前という時期に同族会社に対して債務免除を行っていることから、所轄税務署では「相続財産を不当に減少させる行為」であると認識したものと思われます。

　この判決について、金子宏東京大学名誉教授は、次のように述べておられます（「租税法（第22版）」、弘文堂、639頁）。

　「この規定（相法64①）によって否認が認められるためには、同族会社の行為（単独行為でも契約でもよい）が必要であり、株主の単独行為は否認の対象とならない。したがって、主要株主からの財産の死因贈与・低価買入等は否認の対象となるが、同族会社の株主である被相続人が生前会社に対してなした債務免除（単独行為）は否認の対象とならない。」

（5）オーナー側の貸付金の財産評価

　法人が、オーナーからの借入金について債権放棄を受ける場合、その債権放棄を受けることとなる貸付金について、財産評

価基本通達ではその評価に関しては、次のように取り扱われることとなっています。

貸付金債権の評価（財基通204）

　貸付金、売掛金、未収入金、預貯金以外の預け金、仮払金、その他これらに類するもの（以下「貸付金債権等」という）の価額は、次に掲げる元本の価額と利息の価額との合計額によって評価する。

（1）貸付金債権等の元本の価額は、その返済されるべき金額

（2）貸付金債権等に係る利息（未収法定果実の評価）に定める貸付金等の利子を除く）の価額は、課税時期現在の既経過利息として支払を受けるべき金額

貸付金債権等の元本価額の範囲（財基通205）

　前項の定めにより貸付金債権等の評価を行う場合において、その債権金額の全部又は一部が、課税時期において次に掲げる金額に該当するときその他その回収が不可能又は著しく困難であると見込まれるときにおいては、それらの金額は元本の価額に算入しない。

（1）債務者について次に掲げる事実が発生している場合におけるその債務者に対して有する貸付金債権等の金額（その金額のうち、質権及び抵当権によって担保されている部分の金額を除く）

　　イ　手形交換所（これに準ずる機関を含む）において取引停止処分を受けたとき

　　ロ　会社更生法（平成14年法律第154号）の規定による更生手続開始の決定があったとき

　　ハ　民事再生法（平成11年法律第225号）の規定による再生手続開始の決定があったとき

ニ　会社法の規定による特別清算開始の命令があったとき

　　ホ　破産法（平成16年法律第75号）の規定による破産
　　　手続開始の決定があったとき

　　ヘ　業況不振のため又はその営む事業について重大な損失
　　　を受けたため、その事業を廃止し又は6か月以上休業し
　　　ているとき

（2）更生計画認可の決定、再生計画認可の決定、特別清算に係
　　る協定の認可の決定又は法律の定める整理手続によらない
　　いわゆる債権者集会の協議により、債権の切捨て、棚上げ、
　　年賦償還等の決定があった場合において、これらの決定の
　　あった日現在におけるその債務者に対して有する債権のう
　　ち、その決定により切り捨てられる部分の債権の金額及び
　　次に掲げる金額

　　イ　弁済までの据置期間が決定後5年を超える場合におけ
　　　るその債権の金額

　　ロ　年賦償還等の決定により割賦弁済されることとなった
　　　債権の金額のうち、課税時期後5年を経過した日後に弁
　　　済されることとなる部分の金額

（3）当事者間の契約により債権の切捨て、棚上げ、年賦償還等
　　が行われた場合において、それが金融機関のあっせんに基
　　づくものであるなど真正に成立したものと認めるものであ
　　るときにおけるその債権の金額のうち（2）に掲げる金額
　　に準ずる金額

　つまり、財産評価基本通達204では、貸付債権等の価額は、
原則として、元本の価額と利息との合計額によって評価すると
規定し、財産評価基本通達205（1）から（3）に掲げる金額
に該当するとき、その他その回収が不可能又は著しく困難であ
ると見込まれるときにおいては、これらの金額は元本の価額に
算入しないこととしています。

しかし、次に掲げる裁決事例のように、貸付金の回収不能性の判断は非常に難しく、債権額そのもので評価される可能性が強いと思われます。

裁決　平成 21 年 5 月 12 日　（裁決事例集　No. 77-444 頁）

　本件貸付金については、財産評価基本通達の定めに基づいて評価するのが、相当であるところ、本件会社について、同通達 205 の（1）から（3）までに該当する事由は認められないことから、本件貸付金の全部又は一部が、本件相続開始日において、同通達 205 に定める「その他その回収が不可能又は著しく困難であると見込まれるとき」に該当するか否かについて、本件会社の資産状況及び営業状況等に照らし判断すると、次のとおりである。

　本件会社は、本件相続開始日以降、現在に至るまで存続し、従業員のうち障害者を関係グループ会社であるK社に出向させ、主にK社からの出向料及び国等からの助成金により、営業外収益を計上している。また、本件会社は、事業目的を不動産の売買等に拡大した後、平成 14 年 7 月期に地方裁判所の競争入札に参加していること、及び平成 17 年 7 月期において、不動産取引による売却益として 39,120,000 円を計上していることからすれば、本件会社の営業が停止していたとは認められない。

　そして、本件会社は同族会社であり、関係グループ会社の代表者も本件相続人又はその親族らであり、本件会社の借入金債務は、K社、本件被相続人及びその親族からの債務が大半であって、返済期限等の定めがないため、直ちに返済を求められる可能性は極めて低く、金融機関等外部からの借入れに比べて有利といえ、現に、本件会社は、関係グループ会社との間で頻繁に貸借を行い、特にK社との間では、常時貸借が存在し、時々に応じて返済していた事実が認められる。

　さらに、本件相続開始日において、本件会社のU銀行及びV銀行に対する借入金債務残高は零円となっている上、L銀行に対し

ては、月々 500,000 円の返済を続けており、同銀行は、返済期限をはるかに過ぎている債権であるにもかかわらず、積極的な債権回収の動きをしていない。本件被相続人からの借入金についても、本件相続開始日の直前に、合計約 20,000,000 円を返済している。

　以上のことから、本件貸付金については、本件相続開始日において、財産評価基本通達 205 に定める「その他その回収が不可能又は著しく困難であると見込まれるとき」、すなわち、本件会社の事業経営が破たんしていることが客観的に明白であって、債権の回収の見込みのないことが客観的に確実であるといい得る状況にあったとは認められない。

（注）下線は筆者が加筆

　この事案は、「被相続人及びその親族からの債務が大半であって、返済期限等の定めがないため、直ちに返済を求められる可能性は極めて低く、金融機関等外部からの借入れに比べて有利といえ、現に、本件会社は、関係グループ会社との間で頻繁に貸借を行い、特に会社との間では、常時貸借が存在し、時々に応じて返済していた事実が認められる」ことから、この会社の事業経営が破たんしているとは認められないこととされたものです。

　つまり、①会社の借入金の大半が同族役員からのものであり、②その同族役員からの経済的な支援により経常的に業務を維持しているような場合、会社が債務超過の状態であっても倒産状態とはいえないこととなります。

東京高裁　平成 21 年 1 月 22 日　（Z259-11120）【貸付金債権の評価／相続開始後に解散があった場合／義務付けの訴えの適

法性】

　評価通達204項は、貸付金債権等の価額は、原則として、元本の価額と利息の価額との合計額によって評価すると規定し、評価通達205項は、評価通達204項の定めにより貸付金債権等の評価を行う場合において、例外的に、その債権金額の全部又は一部が課税時期において評価通達205項（1）ないし（3）に掲げる金額に該当するときその他その回収が不可能又は著しく困難であると見込まれるときにおいては、それらの金額は元本の価額に算入しないと規定する。

　評価通達205項の趣旨及び規定振りからすると、同項にいう「その回収が不可能又は著しく困難であると見込まれるとき」とは、同項（1）ないし（3）の事由と同程度に、債務者が経済的に破綻していることが客観的に明白であり、そのため、債権の回収の見込みがないか、又は著しく困難であると確実に認められるときであると解すべきであり、同項（1）ないし（3）の事由を緩和した事由であると解することはできない。

　評価通達204項及び205項は、貸付金債権等の評価として、原則として額面の評価によることとし、例外的に債権の回収が不可能等であることについて客観的に明白な事由がある場合に限り当該部分について元本に算入しない取扱いをすることとしているものであって、この定めは、相続税法22条を具体化した基準として合理的なものと認められる。

　本件各債権については、相続開始時において、評価通達205項にいう「その回収が不可能又は著しく困難であると見込まれるとき」、すなわち、債務者が経済的に破綻していることが客観的に明白であり、そのため、債権の回収の見込みがないか、又は著しく困難であると客観的に認められるときに該当すると認めることはできず、評価通達204項に基づき債権の元本による評価をして差し支えないものということができる。

　なるほど、Ａにおいては、相続開始時に多額の未処理損失があったが、それは大半が同族役員からの借入金であり、同族会社が同

族株主、役員等からの経済的な支援等を受けて維持運営されるのは異例のことではなく、また、経常的に業務を維持運営している会社が計算書類上債務超過の状態にあるからといって、これを目して倒産状態にあるというのは早計に過ぎるといわなければならない。

控訴人甲が平成14年6月及び9月当時において不動産業者に対し売却を依頼した土地は、Ａが営む葬儀請負業に影響しない倉庫敷地であり、さらに、不動産業者に対し同倉庫敷地及び葬祭ホール敷地を含む全体の土地の売却を依頼したのは平成16年3月のことであるから、Ａが平成14年6月及び9月当時において廃業を意図していたと認めることは到底できず、他にＡが相続開始時前において廃業に向けて動き出していたことを認めるに足りる証拠はない。したがって、控訴人らの上記主張は理由がない。

当裁判所も、本件訴えのうち、更正処分の義務付けを求める部分は、いずれも不適法であると判断する。その理由は、原判決の理由説示のとおりであるから、これを引用する。

（注）下線は筆者が加筆

この事案において、多額の未処理損失があっても、その大半が同族役員からの借入金であり、同族会社が同族株主、役員等からの経済的な支援等を受けて維持運営されるのは通常であり、経常的に業務を維持運営している会社が計算書類上債務超過の状態にあるからといって、これを単純に倒産状態にあると判断はできないと判示されています。

なお、「債権の時価」とは、判決では「債務者の財務状況だけでなく、物的・人的担保の有無、利息の有無及び多寡、利息・元本の種別、返済期間、従前の支払状況等の諸要素を総合的に勘案して定まるものである」と明らかにされています（東京地裁　平成21年4月28日　Z259-11191）。

（6）オーナー保有の株式評価額への影響

　オーナーが貸付金を放棄すると、法人に債務免除益という利益が生じ、これに伴い債務である借入金が減少することにより、株式評価において、純資産額がプラスとなります。

　この場合には、その増加した部分に相当する金額について贈与があったものとして、債務免除をした者から、他の株主に対して贈与税が課税されます（相基通 9-2）。

　このように、オーナー以外の株主に対し贈与税が課税される時期については、相続税法基本通達 9-2 において、次のように説明されています。

相続税法基本通達
9-2

　同族会社の株式又は出資の価額が、例えば、次に掲げる場合に該当して増加したときにおいては、その株主又は社員が当該株式又は出資の価額のうち増加した部分に相当する金額を、それぞれ次に掲げる者から贈与によって取得したものとして取り扱うものとする。

　この場合における贈与による財産の取得の時期は、財産の提供があった時、債務の免除があった時又は財産の譲渡があった時によるものとする。

（1）会社に対し無償で財産の提供があった場合　当該財産を提供した者

（2）時価より著しく低い価額で現物出資があった場合　当該現物出資をした者

（3）対価を受けないで会社の債務の免除、引受け又は弁済があった場合　当該債務の免除、引受け又は弁済をした者

（4）会社に対し時価より著しく低い価額の対価で財産の譲渡をした場合　当該財産の譲渡をした者

財産評価通達では、相続、遺贈又は贈与については、取引相場のない株式の価額を客観的・合理的に、かつ、その実態に即して評価することができるようにするため、その評価する株式の発行会社の規模に応じて、次の図表2のように大会社、中会社、小会社に区分し、その会社規模区分に応じてそれぞれ適用する原則的な評価方法を定めるとともに、少数株主等、支配権のない株主に対しては特例的評価方法を、次の図表1のように定めています。

図表1　取引相場のない株式の評価方法

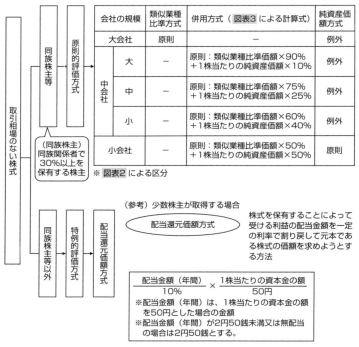

出典：経営承継円滑化法の施行状況について
　　　（一部加工修正）
　　　　中小企業庁　平成26年3月

図表2　会社規模判定表

総資産価額（帳簿価額）	卸売業	20億円以上	4億円以上20億円未満	2億円以上4億円未満	7,000万円以上2億円未満	7,000万円未満
	小売・サービス業	15億円以上	5億円以上15億円未満	2億5,000万円以上5億円未満	4,000万円以上2億5,000万円未満	4,000万円未満
	卸売、小売・サービス業以外	15億円以上	5億円以上15億円未満	2億5,000万円以上5億円未満	5,000万円以上2億5,000万円未満	5,000万円未満
従業員数		35人超	35人超	20人超35人以下	5人超20人以下	5人以下
取引金額	卸売業	30億円以上	7億円以上30億円未満	3億5,000万円以上7億円未満	2億円以上3億5,000万円未満	2億円未満
	小売・サービス業	20億円以上	5億円以上20億円未満	2億5,000万円以上5億円未満	6,000万円以上2億5,000万円未満	6,000万円未満
	卸売、小売・サービス業以外	15億円以上	4億円以上15億円未満	2億円以上4億円未満	8,000万円以上2億円未満	8,000万円未満
会社の規模とLの割合		大会社	0.90	0.75	0.60	小会社
			中会社			

- 総資産価額基準（イ）
- 従業員数基準（ロ）
- 取引金額基準（ハ）

①総資産価額基準（イ）と従業員数基準（ロ）とのいずれか下位の区分を採用。
②①と取引金額基準（ハ）のいずれか上位の区分により会社規模を判定。
③直前期末以前1年間における従業員数70人以上の会社は大会社として判定。

図表3　純資産価額方式・類似業種比準方式の計算式

①純資産価額方式

企業の有する個々の資産をそれぞれ時価で評価し、一株当たりの純資産価額を求める方式。個々の資産を評価した価額の合計額から、負債合計額及び相続税評価額への評価替えによって生ずる評価差額に対する法人税等相当額を控除することによって評価会社の株価を求める方式。

$$\frac{\left(\begin{array}{c}総資産価額 \\ (相続税評価額ベース)\end{array}\right) - \left(\begin{array}{c}負債の \\ 合計額\end{array}\right) - \left(\begin{array}{c}評価差額に対する \\ 法人税額相当額\end{array}\right)}{発行済株式数}$$

※
評価差額に対する法人税等相当額 $= \left(\begin{array}{c}相続税評価額に \\ よる純資産価額\end{array} - \begin{array}{c}帳簿価額による \\ 純資産価額\end{array}\right)$

$\times \quad 0.38 \quad ※1$

※1　0.38 は「法人税（地方法人税を含む）、事業税（地方法人特別税を含む）、道府県民税及び市町村民税の税率の合計に相当する割合
なお、この割合は平成 27 年 4 月 1 日以後に相続、遺贈又は贈与により取得した取引相場のない株式等の評価に適用し、平成 28 年 4 月 1 日以後の相続等については 0.37 を適用する。

②類似業種比準方式

上場会社の事業内容をもととして定められている比準価額計算上の業種から、評価会社の事業内容と類似するものを選び、その類似業種の株価、一株当たりの配当金額、利益金額、純資産価額をもとにして評価会社の株価を求める方式。

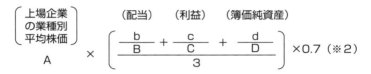

b、c、d：評価会社の1株当たりの金額
B、C、D：上場企業の業種別の1株当たりの金額

※1　課税時期以前3か月の各月の平均株価のうち最も低い株価による。ただし、納税義務者の選択により、類似業種の前年平均株価又は課税時期以前2年間の平均株価を採用することができる。
※2　斟酌率は、大会社の場合は0.7、中会社の場合は0.6、小会社の場合は0.5

　　　　　　　　　出典：経営承継円滑化法の施行状況について
　　　　　　　　　　　　（一部加工修正）
　　　　　　　　　中小企業庁　平成26年3月

例えば、甲株式会社（前提：同族会社、資本金1,000万円（20万株）、株式評価は小会社）が、オーナー社長からの借入金1,000万円（評価額も同額）の免除を受けた場合で、この債務免除を受ける前の相続税評価額の総資産価額が120,000千円（帳簿価額100,000千円）、負債総額の相続税評価額70,000千円（帳簿価額70,000千円）としたときには、甲株式会社の1株当たりの純資産価額は213円から263円と50円増額します。

　この設例の甲株式会社は、株式の評価上の区分は小会社に該当することとしていることから、その株式評価額は、「類似業種比準価額×0.5＋1株当たりの純資産価額×0.5」と「純資産価額×1.0」のいずれか低い金額とされます。前者による評価額のほうが低く、かつ、類似業種比準価額は債権放棄の前後で一定と仮定しますと、50円（純資産価額の増加額）×0.5＝25円が株式の評価額の増加額となります。

〔債権放棄前〕

第5表　1株当たりの純資産価額（相続税評価額）の計算明細書　　会社名　甲株式会社

（取引相場のない株式（出資）の評価明細書）　（平成三十年一月一日以降用）

1．資産及び負債の金額（課税時期現在）

資産の部				負債の部			
科　目	相続税評価額	帳簿価額	備考	科　目	相続税評価額	帳簿価額	備考
資　産	千円 120,000	千円 100,000		負　債	千円 70,000	千円 70,000	
				（うち借入金）	(10,000)	(10,000)	
合　計	① 120,000	⑫ 100,000		合　計	③ 70,000	④ 70,000	
株式等の価額の合計額	④	⑨					
土地等の価額の合計額	⑥						
現物出資等受入れ資産の価額の合計額	⑤	⑧					

2．評価差額に対する法人税額等相当額の計算

相続税評価額による純資産価額 (①-③)	⑤	千円 50,000
帳簿価額による純資産価額 ((⑫+（⑥-⑤)-④)、マイナスの場合は0)	⑥	千円 30,000
評価差額に相当する金額 (⑤-⑥、マイナスの場合は0)	⑦	千円 20,000
評価差額に対する法人税額等相当額 (⑦×37%)	⑧	千円 7,400

3．1株当たりの純資産価額の計算

課税時期現在の純資産価額（相続税評価額）(⑤-⑧)	⑨	千円 42,600
課税時期現在の発行済株式数 ((第1表の1の①)-自己株式数)	⑩	株 200,000
課税時期現在の1株当たりの純資産価額（相続税評価額）(⑨÷⑩)	⑪	円 213
同族株主等の議決権割合（第1表の1の⑤の割合）が50％以下の場合 (⑪×80%)	⑫	円

〔債権放棄後〕

第5表　1株当たりの純資産価額（相続税評価額）の計算明細書　　会社名　甲株式会社

（取引相場のない株式（出資）の評価明細書）　（平成三十年一月一日以降用）

1．資産及び負債の金額（課税時期現在）

資産の部				負債の部			
科　目	相続税評価額	帳簿価額	備考	科　目	相続税評価額	帳簿価額	備考
資　産	千円 120,000	千円 100,000		負　債	千円 60,000	千円 60,000	
合　計	① 120,000	⑫ 100,000		合　計	③ 60,000	④ 60,000	
株式等の価額の合計額	④	⑨					
土地等の価額の合計額	⑥						
現物出資等受入れ資産の価額の合計額	⑤	⑧					

2．評価差額に対する法人税額等相当額の計算

相続税評価額による純資産価額 (①-③)	⑤	千円 60,000
帳簿価額による純資産価額 ((⑫+（⑥-⑤)-④)、マイナスの場合は0)	⑥	千円 40,000
評価差額に相当する金額 (⑤-⑥、マイナスの場合は0)	⑦	千円 20,000
評価差額に対する法人税額等相当額 (⑦×37%)	⑧	千円 7,400

3．1株当たりの純資産価額の計算

課税時期現在の純資産価額（相続税評価額）(⑤-⑧)	⑨	千円 52,600
課税時期現在の発行済株式数 ((第1表の1の①)-自己株式数)	⑩	株 200,000
課税時期現在の1株当たりの純資産価額（相続税評価額）(⑨÷⑩)	⑪	円 263
同族株主等の議決権割合（第1表の1の⑤の割合）が50％以下の場合 (⑪×80%)	⑫	円

この事例で、株式をオーナーとその長男が50％ずつ保有していたとしますと、25円×10万株＝250万円をオーナーから長男へ、債務免除があったときに、贈与をしたものとされることとなります。

　このように、同族会社において債務免除があったことにより株式の価額が増加した場合には、その株主が株式の価額のうちその増加した部分に相当する金額を、債務免除者から贈与により取得したものとみなされて贈与税が課税されますが、類似業種比準価額の株式の価額の増加額については、次のように計算します。

　類似業種比準方式による株式の価額の増加部分の価額は、①直前期末において債務免除があったものと仮定して計算した類似業種比準価額から、②直前期末において債務免除がなかったものとして計算した類似業種比準価額を控除した金額によることとなります。

　なお、直前期末において債務免除があったものとして仮定した場合の類似業種比準価額計算上の1株当たりの配当金額Ⓑ、1株当たりの利益金額Ⓒ及び1株当たりの純資産価額Ⓓは、次により計算するのが妥当であるとされています。

　①　1株当たりの配当金額Ⓑ及び1株当たりの利益金額Ⓒの金額

　　直前期末において債務免除がなかったものとして計算した類似業種比準価額計算上の金額に相当する金額によります。

　②　1株当たりの純資産価額Ⓓの金額

　　直前期末において債務免除がなかったものとして計算した類似業種比準価額計算上のⒹの金額の計算の基とした純資産

価額に債務免除額（その債務免除について課されるべき法人税等の額を控除した金額）を加算した金額を直前期末現在の発行株式数で除して計算した1株当たりの金額によります。

	直前期末に債務免除があったものと仮定した場合のⒷ、Ⓒ及びⒹの額
1株当たりの配当金額Ⓑ	修正しない
1株当たりの利益金額Ⓒ	修正しない
1株当たりの純資産金額Ⓓ	$\dfrac{\text{直前期末の純資産価額＋債務免除額}}{\text{直前期末現在の発行済株式数}}$

このように、特定の者が債権放棄することにより、株価の上昇し贈与税が課税されることとなりますが、これに関しては、次の2つの裁決例があります。

裁決　平成22年5月12日（F0-3-432）

　債務免除により会社の株主又は社員が従前から保有していた株式又は出資という財産の価額が増加した場合は、相続税法第9条に規定する「利益を受けた場合」に該当するところ、同族会社であるＡ社に対する被相続人の各債務免除により、甲の出資及び株式については、それぞれ増加したものと認められるから、各増加額に相当する金額については、いずれも本件通達の定めにより相続税法第9条の規定が適用され、各債務免除時において、被相続人から甲が贈与により取得したものとみなされる。

裁決　平成24年10月17日（F0-3-337）

　被相続人が放棄した債権の額はその全額であり、元役員らに対する債務及び本件交付金に相当するＡ社の債権があるとしてＡ社の株式を評価することができないことから、相続税法第19条の規定により、請求人が本件相続の開始前3年以内の贈与により取

得したとみなして本件相続に係る相続税の課税価格に加算される経済的利益の額は、本件債権の放棄の時点において増加したＡ社の株式１株当たりの価額に、同時点で請求人が保有していたＡ社の株式の株数（34,920株）を乗じた金額となり、また、本件相続により審査請求人が取得した本件株式の価額は、本件相続の開始の日における本件株式の１株当たりの価額447円に、審査請求人が本件相続により取得した本件株式の株数（368,280株）を乗じた164,621,160円となり、それぞれ本件更正処分と同額となる。

　したがって、審査請求人の相続税の課税価格及び納付すべき税額を計算すると、本件更正処分の額と同額であることから、本件更正処分は適法と認められる。

　なお、債務超過会社の株式の贈与会社が資力を喪失した場合には、債務免除を受けることにより株価が増加した場合であっても、債務超過が減少したにすぎない場合、つまり、相続税評価額がゼロからゼロであるような場合には、マイナスの減少部分は贈与としては取り扱われません。

2 DES（デット・エクイティ・スワップ）を活用する

> ### DESのポイント
> ・・・・・・・・・・・・・・・・・・・・・・・・・・・・・・
> ☑ 債務の評価額については時価評価が必要となりますので、券面額そのものが時価相当額として妥当であるか検討する必要があります。
> ☑ DESの実行により、株式の評価額が変動することには十分な注意が必要です。
> ☑ DESにより、オーナーの株式保有割合が増加することから、相続税対策として、別途、株式対策が必要となります。
> ☑ DESの実行により、法人県民税・市民税の均等割額が増加する可能性があります。

（1） DESによるオーナー借入金の削減

　DESとは、債権者と債務者の合意に基づき、企業の債務（デット・Debt）を企業の資本（エクイティ・Equity）に交換する（スワップ・Swap）ことをいいます。つまり、借入金の資本組み入れ、貸付金の現物出資です。

　株式会社が増資をする場合、出資は金銭で行うことが原則とされており、株式の引受人が金銭を出資することに代えて、会社に対する貸付金などの債権で相殺することは禁止されています（会社208③）が、会社が金銭ではなく、不動産などの金銭以外の財産で出資すること、及びその財産内容及び価額を募集事項決定の際に決議した場合には、金銭以外の方法で出資することも認められています（会社199①三）。

（2）　ＤＥＳのメリット・デメリット

　ＤＥＳのメリットは、金銭債務を株式化することで、貸借対照表の負債が減少し、その分資本が増加することから、自己資本比率が向上し、財務体質の改善や強化を図ることができることにあります。このことから、2000年にはハザマ、青木建設、熊谷組等多くの上場企業が、第三者割当によりＤＥＳを実行しています。

　一般的には、債権者側はＤＥＳ実行後、貸付金の返済を受け取ることができなくなり、利息を受け取ることはできなくなりますが、その代わりに業績が良くなれば従来よりも多くの配当を受け取ることができることとなり、また、株式の価額が上昇すれば株式譲渡による利益も期待できます。

　オーナーの会社に対する貸付金であれば、社長の出資額が増加し、株式評価額の総額が増加することもあるため、別途、相続税対策が必要となります。

　つまり、ＤＥＳを行うと、会社の財務内容は次のように改善されます。

[事例　代表者借入金のうち、2,000万円を資本金1,000万円及び資本準備金1,000万円に組入れした場合]

①ＤＥＳを実行する前の会社の貸借対照表　（単位：千円）

資産の部		負債の部	
現金預金	25,000	借入金（代表者）	50,000
その他の資産	45,000	純資産の部	
		資本金	10,000
		利益剰余金	5,000
		繰越利益	5,000
合計	70,000	合計	70,000

②ＤＥＳを実行した後の会社の貸借対照表　（単位：千円）

資産の部		負債の部	
現金預金	25,000	借入金（代表者）	30,000
その他の資産	45,000	純資産の部	
		資本金	20,000
		資本準備金	10,000
		利益剰余金	5,000
		繰越利益	5,000
合計	70,000	合計	70,000

　したがって、この方法は会社再建の一手法で、通常は経営不振に陥っているが再建の見込みのある比較的規模の大きい企業に対して、金融機関が保有する貸付金を株式に振り替えることによって、その企業の財務内容を改善して再建を図る目的で利用されることがほとんどでした。

　会社法施行前の商法では、ＤＥＳは債権の額面が500万円以下など一定の場合を除き、検査役の調査又は弁護士・公認会計士・税理士のいずれかによる財産額が相当であることの証明が必要でした。

　平成18年12月、日本税理士会連合会業務対策部では「現物出資等における財産の価額の証明等に関する実務（改正版）」を作成し、次のような証明書のひな型を作成して、会員である税理士に対して提供していました。

（書式４）現物出資の金銭債権に関する税理士の証明書

証　明　書

○○県○○市○○町○○丁目○○番○○号

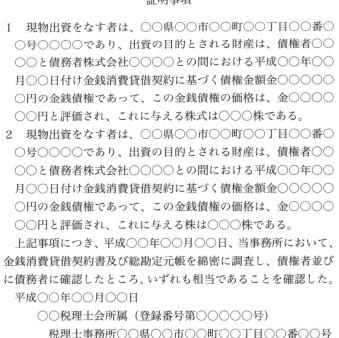

会社法施行前の商法でDESは、受け入れる金銭債権について評価額説と券面額説の2つが存在していましたが、平成12年の東京地裁の判決以降は、券面額説により実務が行われ、金

銭債権は額面で評価することとされ、その結果、弁護士等による現物出資する金銭債権が存在することの確認の証明が必要となりました。

　その後、平成18年5月1日から施行された会社法に伴い、税務において大きな改正が行われ、ＤＥＳの税務上の取扱いについて、「平成18年度改正税法のすべて」では、「株式について発行価額という概念がなくなり、株主となる者が会社に対して払込み又は給付をした財産の額をもって増加する資本金の額及び資本準備金の額とすることとされているところです（会社445）。また、法人税法においても今回の改正により新株の発行及び自己の株式の譲渡の際に増加する資本金の額について、払い込まれた金銭の額及び給付を受けた金銭以外の資産の価額に相当する金額とされたところです。このため、法人がＤＥＳによる自己宛債権の現物出資（適格現物出資を除きます。）を受けた場合には、債務者である法人の増加する資本金等の額は、その券面額でなく時価によることとなります。また、債務者である法人が現物出資を受けた自己宛債権に対応する債務について、その券面額と自己宛債権の時価との差額が債務の消滅益として計上されることとなります。」と解説されています。

　会社法においてＤＥＳを行う場合には、500万円を超える金銭債権であっても、総勘定元帳などその金銭債権の金額・債権者名が記載してある会計帳簿を登記申請書に添付するだけで、検査役や弁護士等の証明が不要になりました（会社207⑨二）。

　但し、①債権の弁済期が到来していること、②株主総会で決議した当該金銭債権の価額が負債の帳簿価格を超えないことが要件とされます（会社207⑨五）。

（3）　ＤＥＳによる増資登記申請手続き

　ＤＥＳによる増資登記申請には、次に掲げるような書類の添付が必要となります。

① 　臨時株主総会議事録

② 　総数引受契約書（株式申込書）

③ 　総勘定元帳等の会計帳簿（代表取締役の代表印捺印済のもの）……ひな形省略

④ 　資本金の額の計上に関する代表取締役の証明書

⑤ 　現物出資があったことを証する書面

⑥ 　株主割当ての通知に関する期間短縮の同意書

臨時株主総会議事録

平成○○年○○月○○日午前○○時より、当会社の本店において臨時株主総会を開催した。

株主の総数	○名
発行済株式総数	○株
議決権を行使できる株主の総数	○名
議決権を行使することができる株主が有する議決権の総数	○個
議決権を行使することができる出席株主数（委任状によるものを含む）	○名
この議決権の総数	○個

　以上の通り株主の出席があったので、定款の規定により代表取締役○○○○は議長席につき、株主総会は適法に成立したので開会する旨を宣し、直ちに議事に入った。

第1号議案　募集株式発行の件

　議長は、下記により募集株式を発行したい旨を述べ、その理由を詳細に説明し、その賛否を議場にはかったところ、満場一致をもって承認可決した。

　1　募集株式の数　　　普通株式　　　○○○株
　2　割当方法

　　発行する募集株式全部につき株主に割り当てられる権利を与えることとし、平成○○年○○月○○日午後○○時現在の株主名簿に記載してある株主に対し、申し込みがあることを条件として、その所有株式○：○株につき新株式○○株の割合をもって割り当てる。

　3　募集株式の払込金額　　　1株につき○万円
　4　払込期日又は期間　　　　平成○○年○○月○○日
　5　増加する資本金及び資本準備金

　　資本金○○○万円を増加し、資本準備金は増加しない。

　6　現物出資に関する事項

　　新株につき、現物出資をする者の氏名、出資、出資の目的たる財産、その価格及びこれに対し与える株式は、下記のとおりである。

現物出資の目的たる財産及び価格

　　　　債権者○○○○と債務者株式会社○○○○との間における
　　　　平成○○年○月○日月債務承認契約に基づく金銭債権
　　　　　債権金額○○○万円の内訳は下記のとおりである。
　　　　　債権内容：貸付金　　○○万円
　　　　　金額：○○万円

この価格：○○万円

現物出資をする者の氏名　　○○○○

上記に対して与える株式　普通株式　　○○株

　議長は、以上をもって本日の議事を終了した旨を述べ、午前○時○分閉会を宣した。

以上の決議を明確にするため、代表取締役○○は議事録を作成
し、議長代表取締役及び出席取締役がここに記名押印する。

　　　　平成○○年○月○日
　　　　（商号）株式会社○○○○　　　臨時株主総会

　　　　　　　議長　代表取締役　　○○○○㊞
　　　　　　　　　　取締役　　　　○○○○㊞
　　　　　　　　　　取締役　　　　○○○○㊞

株式申込書

1　（商号）　株式会社　○○○○

　普通株式　　　　○○株

　平成○○年○○月○○日開催の貴社の株主総会の決議に係る募
集要項を承認のうえの価格を金○○万円と評価し、これに相当す
る貴社の株式を引き受けたく上記のとおり申し込み致します。

財産の表示
　債権者○○と債務者株式会社○○との間における平成○○年○
　月○付債務承認契約に基づく金銭債権
　　債権金額○○万円の内訳は下記のとおりである。
　　貸付金　○○円
　　この価格　○○円

　平成○○年○○月○○日

　　　　　　　　　　　　　住所　東京都○○
　　　　　　　　　　申込人

氏名　　○○○○㊞

（商号）株式会社　○○○○
　　　　代表取締役　○○○○　殿

資本金の額の計上に関する証明書

　当会社の資本金の額は、下記のとおり会社法及び会社法計算規則の規定に従って計上されていたことを証明します。

1　現物出資を受けた金額の総額　　　金　○○○万円
2　給付を受けた金銭以外の財産の価額　金　○○○万円
3　資本金等増加限度額から減ずるべき額　金　○○○円
4　資本準備金　　　　　　　　　　金　○○○円
5　株式発行割合
　　上記のとおり当該募集に際して処分する自己株式は存在しません。
6　資本金等増加限度額　　　金　○○万円
7　当会社の募集株式発行前の資本金の額　　金　○○万円
8　当会社の募集株式発行後の資本金の額　　金　○○万円

　平成○○年○○月○○日

　（本店）東京都○○
　　　　（商号）株式会社○○○○
　　　　　　代表取締役　○○○○㊞

現物出資があったことを証する書面

当会社の平成○○年○○月○○日開催の株主総会において決議

された募集株式発行により発行する株式につき、次の通り金額全額の現物出資があったことを証明します。

払込みがあった金額の総額　　金　○○○円
払込があった株数　　　　　　　　○○○株
1株の払込金額　　　　　　　金　○○万円

平成○○年○○月○○日

（本店）東京都○○
　（商号）株式会社　○○○○
　　　　　代表取締役　○○○○㊞

株主割当ての通知に関する期間短縮の同意書

（本店）東京都○○
（商号）株式会社○○が平成○○年○○月○○日開催の決議に基づいて募集株式の発行をするに当って、会社法第202条第4項に定める通知の期間を置かないで募集株式発行の手続きを進めることについて、株主はこれに同意します。

平成○○年○○月○○日

（株主及び端株主の住所・氏名及び株数）

東京都○○
　　○○株　　　　○○○○㊞
東京都○○
　　○○株　　　　○○○○㊞

（4） 債権の時価と交付株式価額に差額がある場合の課税関係

現物出資する債権の時価と出資者が交付を受ける株式について差額が生じている場合、次のような課税問題が生じます。

① 交付株式の価額が債権の時価より高い場合

募集株式の発行が、有利発行として、出資者に課税が生じます。つまり、旧株から新株へ経済的価値が移転します。

② 交付株式の価額が債権の時価より低い場合

募集株式の発行が、不利発行として、相続税法基本通達9-2によりみなし贈与課税が生じます。つまり、新株から旧株へ経済的価値が移転します。

そこで、このような課税問題を避けるためには、債権の時価と交付株式の時価は等価である必要があります。

（5） ＤＥＳにおける券面額説と評価額説

「ＤＥＳは、一種の資本取引であり、その場合の金銭債権の価額は、会社法の解釈では前述したように券面額説と評価額説とが存在しますが、①ＤＥＳは、債務者の業績が悪化し、金銭債権が不良債権化している場合に債務者の再建を支援するために行われることが多いこと、②会社法が現物出資財産の価額について、原則として、裁判所の選任する検査役の調査・報告を必要としており、金銭債権のうち弁済期未到来のものについては、最終的には裁判所が決定することとしていること、③券面額説を採用すると既存株主に損害を与えること、④時価を超える金額で受け入れた場合は、役員の責任問題が生じること等か

ら、どちらかといえば評価額説が妥当であろう」と、金子宏東京大学名誉教授は「租税法第22版」で述べられています。

さらに、「DESは、資本取引の一種であり、評価額説をとった場合には、券面額と評価額の差額に相当する金額の債務免除ないし債務消滅の要素を含む混合取引にあたり、債務者に生ずる債務免除益ないし債務消滅益は収益の課税の対象となる」とも述べられています。

DESにおいて、100％グループ内の子会社に対して行う場合、税務上、税制適格現物出資として、貸付金の評価は簿価（額面）取引となりますが、役員からの借入金の場合、債権者は個人となりますので、対象債権の評価は「時価」となります。

一般的に、DESと実施するのは、債務超過の状態や業績が悪化している状態が多く、このような経営状態の会社とオーナー間とでDESを行う場合には、貸付金については額面より低い評価額となり、DES実施会社では債務免除益が計上されることとなると思われます。

このように、DESを行う場合には、出資する債権（貸付金）の時価評価が重要なポイントとなりますが、実務上その評価額を算定することは至難の業です。

国税庁の回答事例において、企業再生税制の適用の場合に限定されたものではありますが、債務免除益の発生について評価額説の考え方を前提として、債務免除益ないし債務消滅益は債務者の収益であるという考え方を採用している次の「企業再生税制適用場面においてDESが行われた場合の債権等の評価に係る税務上の取扱いについて」が参考となりますので、その全

文を次に掲載します。

企業再生税制適用場面においてDESが行われた場合の債権等の評価に係る税務上の取扱いについて（照会）
別紙

平成22・02・10経局第3号
平成22年2月15日

国税庁　課税部
課税部長　岡本　榮一　殿

経済産業省大臣官房審議官
（経済産業政策局担当）　北川　慎介

1　照会の趣旨
（1）平成18年度税制改正において、債務者である法人（以下「債務者」といいます。）のデット・エクイティ・スワップによる自己宛債権の現物出資（法人税法第2条第12号の14に規定する適格現物出資を除き、以下「DES」といいます。）に伴い生じた債務消滅益については、債権放棄に伴う債務免除益と同様に期限切れ欠損金（法人税法第59条の規定の適用対象となる欠損金額をいいます。）を青色欠損金等（法人税法第57条第1項及び第58条第1項の規定の適用対象となる欠損金額をいいます。）に優先して控除することができることとされました。

　このDESが行われた場合において債務者の増加する資本金等の額は、資本金又は出資金の増加額と「払い込まれた金銭の額及び給付を受けた金銭以外の資産の価額その他の対価の額からその発行により増加した資本金の額又は出資金の額を減算した金額」との合計額（法令8①一）となり、「払い込まれた金銭の額」は存しませんから、結果として「金銭以外の資産の価額」、すなわちDESによる自己宛債権の時価が資本金等の増加額となります。

　したがって、上記のDESに伴い生ずる債務消滅益の額は、自己宛債権の額面のうち資本金等の増加額とならなかった部分の金

額、すなわち額面と時価との差額ということになります。

（2）また、平成21年度税制改正においては、法人税法施行令第24条の2第1項に規定する民事再生に準ずる私的整理の事実の要件の一つである2以上の金融機関等の「債務の免除」を「債務免除等」に改正してDESが追加されたことにより、DESを利用しやすい環境が整えられました。

（3）しかし、このような制度改正は行われているものの、一方で企業再生に際してDESが行われた場合において給付を受ける債権に付される時価についての具体的な評価方法が不明確であるため、DESの活用に支障があるとも言われております。

（4）このため、平成21年8月5日及び同年12月3日に、経済産業省経済産業政策局産業再生課長の私的研究会として「事業再生に係るDES研究会」を開催し、法人税法施行令第24条の2第1項の要件を満たす私的整理の場面（以下「企業再生税制適用場面」といいます。）においてDESが行われた場合に債務者が給付を受ける債権及び債権者が交付を受ける株式に付される時価の評価方法を検討し、一定の結論を得たところです。

　つきましては、この検討結果を踏まえ、企業再生税制適用場面においてDESが行われた場合に債務者が給付を受ける債権及び債権者が交付を受ける株式に付される時価の評価に係る税務上の取扱いにつき、照会申し上げます。

2　照会の内容（照会者の見解）

　企業再生税制適用場面においてDESが行われた場合に債務者が給付を受ける債権に付される時価の評価方法として、法人税法施行令第24条の2第1項による資産評定に関する事項に従って資産評定が行われ、その評定による価額を基礎として作成された貸借対照表の資産及び負債の額と、債務処理に関する計画における損益の見込み等に基づき算定する方法が考えられます。

　この方法によった場合には、それぞれ次のとおり解して差し支えないでしょうか。

（1）企業再生税制適用場面における債務者の取扱い

上記方法により算定された現物出資債権の時価を、法人税法施行令第8条第1項第1号における給付を受けた金銭以外の資産の価額とします。

（2）企業再生税制適用場面における債権者（ＤＥＳにより新たに株主となる者）の取扱い

　法人税法施行令第119条第1項第2号において、現物出資を行った現物出資法人が交付を受ける被現物出資法人の株式の取得価額は、現物出資により給付をした金銭以外の資産の価額の合計額（その給付による取得のために要した費用（以下「取得に要する費用」といいます。）がある場合にはその費用の額を加算した金額）とされています。

　この場合における現物出資により給付をした金銭以外の資産の価額の合計額についても、上記（1）の法人税法施行令第8条第1項第1号における給付を受けた金銭以外の資産の価額とします。

3　照会者の見解となった理由

（1）企業再生税制適用場面における債務者の取扱い

イ　合理的な再建計画における債務免除額

　企業再生税制適用場面においては、一般に公表された債務処理を行うための手続についての準則に従い合理的な再建計画が策定されることとなりますが、その策定過程において資産評定基準に基づき資産及び負債ごとに評価が行われ実態貸借対照表が作成されます。そして、この実態貸借対照表の債務超過金額をベースに債権者調整が行われ、事業再生計画における損益見込み等を考慮し、債務者及び債権者双方の合意のもとで回収可能額が算定されることとなります。

　債務免除が行われる場合には、この合理的に見積もられた回収可能額に基づき債務免除額が決定されることとなります。すなわち、合理的な再建計画においては、債権のうちこの回収可能額を超える部分、換言すれば回収不能と見込まれる部分の金額が債務免除額ということになります。

この場合、この債務免除額につき、債務者は債務免除益を計上することとなります。

□　ＤＥＳに伴う被出資債権の時価

　企業再生税制適用場面においてＤＥＳが行われた場合においても、債務免除が行われる場合と同様に実態貸借対照表の債務超過金額をベースに債権者調整が行われ、事業再生計画における損益見込み等を考慮し、債務者及び債権者双方の合意のもとで回収可能額が算定されることとなります。

　そして、ＤＥＳが行われる場合においても、債務免除額が決定される場合と同様に、この合理的に見積もられた回収可能額に基づいて実質的な債務免除額が決定されることとなります。すなわち、合理的な再建計画においては、債権のうちこの回収可能額を超える部分、換言すれば回収不能と見込まれる部分についてはＤＥＳの対価である株式の交付の対象とされず、この回収可能額に相当する部分についてのみこの株式の交付の対象とされるということになります。そこで、ＤＥＳの対象となる債権の時価については、この合理的に見積もられた回収可能額に基づいて評価することが妥当であると考えます。

　この場合、この債権金額（額面）と債権の時価との差額について、債務者は債務消滅益を計上することとなります。

　なお、債権者が有する債権のうちにＤＥＳの対象とされなかった債権が存在する場合、ＤＥＳの対象となる債権が債務者の株式に変わるため、ＤＥＳの対象とされなかった債権は、ＤＥＳの対象となった債権（株式）に優先して回収されることになります。

　このため、例えば、債権者の有する1,000（簿価）の債権について、その合理的な回収可能額が900と見込まれる場合において、その債権のうち800をＤＥＳの対象としない債権とし、200をＤＥＳの対象としたときは、ＤＥＳの対象となる債権（200）の評価額は、ＤＥＳの対象とされなかった債権（800）を含んだ回収可能額（900）から、ＤＥＳの対象とされなかった債権の債権金額（800）を控除した金額（100）となります（こ

の場合、債務消滅益100を計上することとなります。）。

ハ　債務者が給付を受けた金銭以外の資産の価額

　この結果、イ及びロにより算定された現物出資債権の時価が、法人税法施行令第8条第1項第1号における被現物出資法人が給付を受けた金銭以外の資産の価額（DESにより増加する資本金等の額）となります。

（2）　企業再生税制適用場面における債権者（DESにより新たに株主となる者）の取扱い

イ　現物出資により交付を受ける株式の取得価額

　法人税法施行令第119条第1項第2号において、現物出資を行った現物出資法人が交付を受ける被現物出資法人の株式の取得価額は、現物出資により給付をした金銭以外の資産の価額の合計額（取得に要する費用がある場合にはその費用の額を加算した金額をいいます。以下同じ。）とされています。

ロ　DESに伴う現物出資債権の評価額

　企業再生税制適用場面におけるDESについても、債権者が保有する金銭以外の資産である債権を現物出資し、その対価として株式の交付を受けるものであるため、現物出資債権の時価（現物出資により給付をした金銭以外の資産の価額の合計額）が、交付を受ける株式の取得価額となります。

　この場合における現物出資債権の時価は、債務者及び債権者の双方が合理的な再建計画に合意する立場にあるため、合意した回収可能額に基づき評価されることが合理的であり、かつ、債務者における処理とも整合的であります。このため、DESを行う債権者から見た現物出資債権の評価額についても、上記（1）に基づき算定された被現物出資債権の評価額と一致させることが合理的であると考えます。

ハ　債権者が交付を受ける株式の取得価額

　この結果、上記（1）で算定された法人税法施行令第8条第1項第1号における給付を受けた金銭以外の資産の価額（被現物出資債権の評価額）が、同令第119条第1項第2号における現物

出資により給付をした金銭以外の資産の価額（ＤＥＳにより交付を受ける株式の取得価額）となり、債権の帳簿価額からＤＥＳにより交付を受ける株式の取得価額（取得に要する費用が含まれている場合にはその費用の額を減算した金額）を控除した金額が債権者における債権の譲渡損の額となります。

[参考] 種類株式が発行される場合

　ＤＥＳに伴い債権者に対して、普通株式ではなく償還条件の付された種類株式が交付されることがあります。

　この場合、ＤＥＳにより交付された株式が種類株式であっても、合理的な再建計画におけるＤＥＳにより出資を受ける債権に係る回収可能額が変わるわけではありません。

　したがって、この場合の債務者におけるＤＥＳに伴う被現物出資債権の時価については、上記（1）のロと同様に、合理的に見積もられた回収可能額に基づいて評価することが妥当であると考えます。

　また、この場合の債権者におけるＤＥＳに伴う現物出資債権の評価額についても、上記（2）のロと同様に、被現物出資債権の時価と一致させるのが合理的であると考えます。

（注）下線は著者が加筆

　また、国税庁の「平成 21 年度　税制改正の解説」では、ＤＥＳにおける給付を受ける債権に付されるべき時価について、次のように説明しています。

ＤＥＳ（デット・エクイティ・スワップ）

　民事再生に準ずる私的整理の事実の要件のうち、債務免除要件について、自己宛債権の現物出資を受ける場合についても債務の免除を受ける場合と同様の取扱いとされました（法令 24 の 2 ①、②三）。

　ただし、その現物出資を受ける法人においてその債務の消滅に

係る利益の額が生ずることが見込まれる場合に限られます。

デット・エクイティ・スワップ（以下「DES」といいます）は、債務を返済することに代えて自社株式の交付をもって債務を減少させるものであり、企業再生の状況下で行われるDESは、債務超過を解消し財務状態を改善するための手段のひとつとして、債務者にとって債務の免除と同様の効果をもたらすものと考えられます。

ただし、適正な債務処理であることを担保するためには、債権者にとっても債務の免除をする場合と同等の状態が確保される必要があります。

このため、債権者がDESを通じて債務の免除をするのと同等の状態であること、これを債務者側からみたものとして、債権の現物出資を受けようとする債務者においてその債務の消滅に係る利益の額が生ずることが見込まれる場合に限定されています。

なお、法人が現物出資（適格現物出資を除きます。）を受けた場合には、給付を受けた資産の価額（すなわち時価）をもって増加させる資本金等の額とすることとされている（法令8①一）ため、DESにより自己宛債権の現物出資（適格現物出資を除きます）を受けた場合についても、債務者である法人の増加する資本金等の額は、その債権額（券面額）ではなく税務上の時価によることとなります。

また、債務者である法人が現物出資を受けた自己宛債権に対応する債務について、その債権額（券面額）と時価との差額が債務の消滅益として計上されることとなります。一方、債権の現物出資による移転をした法人については、その債権の帳簿価額とその交付を受ける株式等の時価（すなわち債権の時価）との差額が、債権の譲渡損益として計上されることとなります。

このように企業再生に際してDESが行われた場合において給付を受ける債権に付されるべき時価については、例えば、以下のようなものが考えられます。

イ　通常の取引条件の下、その時において第三者に譲渡した場合

に通常付されるべき価額

□　債務者である法人が有する資産の全部をその時において処分
した場合に得られる金銭の額の合計額（以下「処分価額」とい
います。）をもって、その法人に対する債権について、担保、
保証又は優先劣後関係を考慮して弁済することとしたときに、
その債権について弁済をすべき金額

すなわち、上記イについてはその債権が流通する場合に取
引が成立するであろう価額をその評価額とするものであり、
上記ロについては債務者である法人を清算する場合にその債
権について弁済されるであろう金額をその評価額とするもの
です。

ただし、上記ロについては、債務処理計画において適正な
資産評定に基づき貸借対照表が作成されている場合には、そ
の貸借対照表における資産の価額の合計額を処分価額として
差し支えないと考えられます。

（注）下線は著者が加筆

なお、現在、相続税対策を依頼された税理士法人が、ＤＥＳ
を行うにあたり、その債権の評価を額面で行っていたことか
ら、債務免除益が生じて多額の法人税の課税所得が増加し、損
害賠償訴訟が起きている事案もあります。

（6）　ＤＥＳに係る判例

ＤＥＳによる債務消滅益の発生について、次のような判決が
あります。

デット・エクイティ・スワップ（ＤＥＳ）における**債務消滅益の**
発生（東京地裁　平成21年4月28日　Z259-11191）

1　事件の概要

（1）　訴外Ａ社は、原告Ｘ社（債務者）に対し、平成2年中にお

いて合計５億円を貸し付けていたところ、この貸し付けていた債権（以下「本件貸付債権」）を訴外Ｂ社に譲渡し（Ｈ14.3.4.）、更にＢ社は本件貸付債権を訴外Ｃ銀行に譲渡した（Ｈ14.3.12.）。そして、Ｃ銀行と訴外Ｄ社（最終債権者）は債権譲渡契約を締結し、Ｃ銀行はＤ社に対し、本件貸付債権（元本残高4.5億円）を代金1.5億円で譲渡した（Ｈ14.11.7.）。

（２）　Ｘ社とＤ社は、Ｘ社が普通株式80万株を発行し、Ｄ社が本件貸付債権を現物出資することによりこの新株を引き受けることを合意し、Ｘ社において、この新株発行（以下「本件新株発行」）及び現物出資（払込期日Ｈ15.2.28. 以下「本件現物出資」）に伴い、80万株のＤ社への第三者割当てによる増資が行われた（Ｈ15.3.1.）。

（３）　Ｘ社は、上記一連の行為によりＸ社に移転した本件貸付債権及びこれに対応する債務が混同により消滅し、80万株の新株が発行され（以下、これら一連の行為ないし過程を「本件ＤＥＳ」）、長期借入金勘定を4.5億円減少させるとともに資本金勘定を４億円、資本準備金勘定を0.5億円増加させる経理処理を行った。なお、Ｘ社は債権の取得価額を4.5億円としていた。（Ｈ15.3.3.）。

（４）　課税庁は、本件現物出資は、法人税法（以下平成18年改正前のもの）２条12号の14に規定する適格現物出資に該当し、同法62条の４第２項及び同法施行令（以下平成20年改正前のもの）123条の５の規定の適用により、Ｘ社の本件貸付債権の取得価額は、Ｄ社の本件現物出資の直前の帳簿価額に相当する1.5億円と認められるので、当該混同によって消滅した本件貸付債権の額面額4.5億円のうち、本件貸付債権の取得価額1.5億円を超える部分の３億円については、債務消滅益として益金の額に算入することになるとして更正処分を行った（Ｈ17.6.29.）。

2　争点

　本件ＤＥＳについて債務消滅益が生じるか否か。

3　裁判所の判断のポイント

（１）　我が国の法制度の下において、デット・エクイティ・スワップ（ＤＥＳ）を直接実現する制度が設けられていない以上、株式会社の債務（株式会社に対する債権）を株式に転化するためには、①会社債権者の債務者会社に対する債権の現物出資、②混同による債権債務の消滅、③債務者会社の新株発行及び会社債権者の新株の引受けという各段階の過程を経る必要があり、これら既存の法制度を利用する以上、本件ＤＥＳも現物出資、混同及び新株発行に係る法人税法等の関係法令の適用を免れることはできない。

（２）　①の現物出資及び③の新株発行の過程においては、資本等の金額の増減があるので、これらは資本等取引に当たると認められるものの、②の混同の過程においては、資本等の金額の増減は発生しないので、資本等取引に該当するとは認められない。

（３）　本件現物出資は適格現物出資に該当するので、法人税法62 条の４第１項及び同法施行令 123 条の５により、Ｘ社は本件貸付債権をＤ社における本件現物出資の直前の帳簿価額により取得したものとして計算することとなるから、②の混同により消滅した本件貸付債権の券面額（4.5 億円）と本件貸付債権の取得価額（Ｄ社の本件現物出資の直前の帳簿価額）1.5 億円との差額３億円につき、債務消滅益が発生したものと認められる。

　なお、同法 22 条２項の規定の性質上、同項の「資産の販売、有償又は無償による資産の譲渡又は役務の提供、無償による資産の譲受け」は「取引」の例示であり、同項の「その他の取引」には、民商法上の取引に限られず、債権の増加又は債務の減少など法人の収益の発生事由として簿記に反映されるものである限り、含まれると解するのが相当である。

（注）下線は著者が加筆

　なお、この判決は、この現物出資を平成 18 年度改正前の法人税２条 12 号の 14 に規定する適格現物出資であると認定した上で、この貸付債権の取得価額をＤ社の直前の帳簿価額とし、債務消滅益の金額を算定しています。

平成18年度税制改正において、法人が現物出資を受けた場合には、給付を受けた資産の価額（すなわち時価）をもって増加させる資本金等の額とすることとされているため、ＤＥＳにより自己宛債権の現物出資（適格現物出資を除く）を受けた場合においても、債務者である法人の増加する資本金等の額は、その券面額ではなく時価によるということになり、現物出資を受けた自己宛債権に対応する債務について、券面額と時価との差額が債務消滅益として計上されることとなります。

（7）　ＤＥＳによる法人県民税・市民税の均等割への影響

　ＤＥＳを行うと、資本金等の金額が増加することとなりますが、これに伴い、法人県民税・市民税における均等割については、東京都主税局では、次のような取り扱いとなると説明しています。

法人都民税　均等割　東京都主税局

【No.12】　ＤＥＳ（債務の株式化）を行った場合、均等割の税率区分の基準となる資本金等の額はどのように算定しますか。

（回答）

　ＤＥＳを行った場合、法人税法上の資本金等の額の加算項目に該当します（法人税法施行令第8条第1項第1号）。

　均等割の税率区分の基準となる資本金等の額においても、この法人税法の取扱いに基づき資本金等の額を計算します。

　ただし、平成27年4月1日以後に開始する各事業年度においては、当該資本金等の額が、資本金及び資本準備金の合算額又は出資金の額に満たない場合には、資本金等の額は、資本金及び資本準備金の合算額又は出資金の額とします。

【No.2】　均等割の税率表にある「資本金等の額」とは何ですか。

81

（回答）

　資本金等の額は、法人税法第2条第16号に規定する資本金等の額又は同条第17号の2に規定する連結個別資本金等の額によるものであり、「①資本金の額又は出資金の額」と、「②株主等から法人に払い込み又は給付した財産の額で、資本金の額又は出資金の額として組み入れられなかったもの等（例：資本準備金、加入金）」の合計額（①＋②）をいいます。

　ただし、平成27年4月1日以後に開始する事業年度については、無償増資、無償減資等による欠損塡補を行い地方税法第23条（第292条）第1項第4号5の規定に該当する場合は、調整後の金額となります。

　また、平成27年4月1日以後に開始する事業年度については、上記の金額が、資本金及び資本準備金の合算額又は出資金の額に満たない場合には、資本金等の額は、資本金及び資本準備金の合算額又は出資金の額とします（地方税法第52条第4項〜6項（第312条第6項〜8項）。

3　擬似DESを活用する

擬似DESのポイント

☑擬似DESについて、現時点では税務上明確な取扱規定はありませんが、その債務免除という行為の経済的合理性の存在と、租税回避目的がないと認められる場合には、借入金の削減の一つの方法と考えられます。

☑現金の拠出と債務の弁済のタイミングには注意が必要です。

　DESは、これまで説明したように、金銭以外の債権を現物出資することにより、債権と株式を交換する方法ですが、この場合、債権者が取得する株式の取得価額は、その債権の評価額

（時価）によることとなり、その時価の算定が重要なポイントとなります。

このような手法に対し、債務者である法人が第三者割当増資を行い、債権者から振り込まれた増資資金によって債務弁済を行う、新株式払込による方法があります。これが、擬似ＤＥＳといわれる手法です。

この手法によると、株式の払い込み後に債務弁済を行うという２つの行為にわたるため、債権の評価は必要がないことになり、債務免除益も発生しないことになります。

つまり、以下のような処理となります。

（債権者の会計処理）

①　金銭出資

　　　　有価証券　　○○／現　　金　　　○○

②　債権回収

　　　　現　　金　　○○／債　　権　　　○○

債権者が金銭出資により取得する有価証券の取得価額は、その払い込みをした金銭の額と取得に要した費用を加算した額となります（法令119①ニ）。

しかし、この手法によると、まず、現金の拠出が必要となり、債務者から弁済を受けるまでの間に、その拠出された資金が他の弁済に充当され、他の債権者から差し押さえられるなどのリスクもあり、もし、その債務者が経営破綻した場合には、「一部債権者への弁済」として否認される危険性もあります。

この擬似ＤＥＳの手法では、債権は回収されていることから、債権譲渡損等は生じないこととなります。

なお、株式（出資を含む）を有している法人がその株式の発

83

行法人の増資に係る新株を引き受けて払込みをした場合には、仮にその発行法人が増資の直前において債務超過の状態にあり、かつ、その増資後においてなお債務超過の状態が解消していないとしても、その増資後におけるその発行法人の株式については有価証券の評価損の計上ができないものとされます。ただし、その増資から相当の期間を経過した後において改めてその事実が生じたと認められる場合には、この限りでないとされています（法基通9-1-12）。

（債務者の会計処理）

① 金銭出資

現　　　金　　○○／資　本　金　　○○

　　　　　　　　　　／資本準備金　　○○

② 債務返済

債　　　務　　○○／現　　　金　　○○

この擬似ＤＥＳが、同族会社によって行われ、オーナーが経営する子会社などにより高額な払い込みが行われた後に、この子会社が高額で払い込みにより取得した株式を譲渡した場合には、寄附金課税が認定される可能性があります。

このような事件で、寄附金課税が争われたものとして、スリーエス事件（東京地裁　平成12年11月30日　Z249-8788）あります。

この事件は、親会社に多額の収益計上が見込まれることから、子会社に対する不良債権を擬似ＤＥＳにより株式に交換し、その株式を第三者に譲渡、その有価証券について、売却損を計上したものです。

課税庁は、原告の行為に対して、「債務超過状態にあり、将

来成長が確実に望めるというような特別の事情が認められるわけではない株式会社の新株発行に際して、額面金額である発行価額を大幅に超える払込を行うのは、通常の経済人を基準とすれば合理性はなく、不自然・不合理な経済行為である。」とし、金銭債権の貸倒れの認定基準に照らしてみると、原告会社の子会社である甲会社及び乙会社に対する貸付金の全額が、社会通念上回収不能に陥っていたものと認めることはできないとされたものです。

　ＤＥＳと擬似ＤＥＳのその効果は同じですが、課税上の相違点は、債務免除益課税の存在です。

　擬似ＤＥＳにおいては、債務免除を行う理由に経済的合理性があり、かつ、租税回避目的でないときには、債務免除益課税は生じないものと思われます。

　ただし、この擬似ＤＥＳに関しては、現在のところ税務上の取扱いとして、明確な取扱規定はありません。

4　役員給与の減額分を利用して精算する

役員給与の減額のポイント

☑法人税において、損金の額に算入される役員給与は、一般的な中小規模の企業であれば、定期同額給与でなければなりません。減額する場合もこの規定に合致するように、その役員給与の改定時期を守らなくてはなりません。

☑この方法は、個人の税金負担が減り、法人の課税所得は増大しますので、赤字法人体質であれば有効な方法となります。

85

オーナーからの借入金が存在するのは、一般的には資金繰りが逼迫していることが多い法人です。このため、このような状況で資金繰りを考慮すると、オーナーからの借入金を返済することは困難です。

そこで、役員給与を減額し、減額した分を借入金の返済に回す手法が考えられます。例えば、法人の資金繰りを考慮して、役員給与の額を減額した後も会社からオーナーに支出される金額を同額とするケースで、役員給与 1,500 千円を 1,000 千円に減額し、差額を返済金とする方法を考えてみます（数値は仮定の金額です）。

（役員給与減額前）

役員給与	1,500,000／現　金	1,114,953
	預り金（健　　保）	68,874
	預り金（厚生年金）	56,730
	預り金（源　泉　税）	259,443

（役員給与減額後・借入金返済）

役員給与	1,000,000／現　金	1,114,953
借　入　金	325,743／預り金（健　　保）	48,559
	預り金（厚生年金）	56,730
	預り金（源　泉　税）	105,501

この場合、役員給与が減少し、また、社会保険の会社負担も減少することから、法人課税所得が増加しますが、毎月325,743円のオーナーからの借入金が減少することとなります。

なお、会社からオーナーの手許に入る金額は、役員給与を減額した後も、従前と同額ですので、オーナー個人の生活資金の資金源は変わりません。

5 生命保険契約の解約金を利用して返済する

> **逓増定期保険を活用する場合のポイント**
> ・・
> ☑ 逓増定期保険に加入する場合、それ相応の資金がまず必要となります。また、解約返戻率の高い時期まで、保険料を支払い続ける必要があります。
> ☑ 解約返戻率の高い時期はそれぞれの生命保険の内容等により相違がありますので、検討が必要となります。

　オーナーからの借入金の返済として、会社契約の生命保険契約を解約して返済に充当する方法があります。

　例えば、すでに締結している法人契約の逓増定期保険である生命保険契約を解約して返済する方法です。

　これは、すでに加入している場合に活用できますが、中長期的な計画に基づき新たに加入して実行する場合も考えられます。

　この逓増定期保険とは、契約後、保険期間満了までに保険金額が契約当初の金額から5倍まで増加する定期保険をいい、満期保険金がない掛捨保険ですが、解約返戻率が契約後早い段階で高率になることがその特徴となっていますので、法人の財務強化対策や役員退職金の支払資金の準備として活用されることが非常に多い保険契約です。

　つまり、逓増定期保険は、解約返戻金の返戻率の高い時期は契約後、比較的早い5年から10年後となっていることから、この特徴を利用して、オーナーからの借入金を返済する方法ですが、法人税法上の逓増定期保険の取扱いは、次のようになっ

ています。

法人が支払う長期平準定期保険等の保険料の取扱いについて

昭和 62 年 6 月 16 日直法 2-2（例規）

平成 8 年 7 月 4 日課法 2-3（例規）により改正

平成 20 年 2 月 28 日課法 2-3、課審 5-18 により改正

標題のことについては、当面下記により取り扱うこととしたから、これによられたい。

（趣旨）

定期保険は、満期保険金のない生命保険であるが、その支払う保険料が平準化されているため、保険期間の前半において支払う保険料の中に前払保険料が含まれている。特に保険期間が長期にわたる定期保険や保険期間中に保険金額が逓増する定期保険は、当該保険の保険期間の前半において支払う保険料の中に相当多額の前払保険料が含まれていることから、その支払保険料の損金算入時期等に関する取扱いの適正化を図ることとしたものである。（平 8 年課法 2-3 により改正）

記

1　対象とする定期保険の範囲

この通達に定める取扱いの対象とする定期保険は、法人が、自己を契約者とし、役員又は使用人（これらの者の親族を含む。）を被保険者として加入した定期保険（一定期間内における被保険者の死亡を保険事故とする生命保険をいい、障害特約等の特約の付されているものを含む。以下同じ。）のうち、次に掲げる長期平準定期保険及び逓増定期保険（以下これらを「長期平準定期保険等」という。）とする。（平 8 年課法 2-3、平 20 年課法 2-3 により改正）

（1）　長期平準定期保険（その保険期間満了の時における被保険者の年齢が 70 歳を超え、かつ、当該保険に加入した時における被保険者の年齢に保険期間の 2 倍に相当する数を加えた数が

105 を超えるものをいい、（2）に該当するものを除く。）

（2）　逓増定期保険（保険期間の経過により保険金額が5倍までの範囲で増加する定期保険のうち、その保険期間満了の時における被保険者の年齢が 45 歳を超えるものをいう。）

　（注）「保険に加入した時における被保険者の年齢」とは、保険契約証書に記載されている契約年齢をいい、「保険期間満了の時における被保険者の年齢」とは、契約年齢に保険期間の年数を加えた数に相当する年齢をいう。

2　長期平準定期保険等に係る保険料の損金算入時期

　法人が長期平準定期保険等に加入してその保険料を支払った場合（役員又は部課長その他特定の使用人（これらの者の親族を含む。）のみを被保険者とし、死亡保険金の受取人を被保険者の遺族としているため、その保険料の額が当該役員又は使用人に対する給与となる場合を除く。）には、法人税基本通達 9-3-5 及び 9-3-6（（定期保険に係る保険料等））にかかわらず、次により取り扱うものとする。（平8年課法 2-3、平 20 年課法 2-3 により改正）

（1）　次表に定める区分に応じ、それぞれ次表に定める前払期間を経過するまでの期間にあっては、各年の支払保険料の額のうち次表に定める資産計上額を前払金等として資産に計上し、残額については、一般の定期保険（法人税基本通達 9-3-5 の適用対象となる定期保険をいう。以下同じ。）の保険料の取扱いの例により損金の額に算入する。

〔前払期間、資産計上額等の表〕

	区　　　分	前払期間	資産計上額
(1)長期平準定期保険	保険期間満了の時における被保険者の年齢が70歳を超え、かつ、当該保険に加入した時における被保険者の年齢に保険期間の2倍に相当する数を加えた数が105を超えるもの	保険期間の開始の時から当該保険期間の60%に相当する期間	支払保険料の2分の1に相当する金額
(2)逓増定期保険	①保険期間満了の時における被保険者の年齢が45歳を超えるもの（②又は③に該当するものを除く。）	保険期間の開始の時から当該保険期間の60%に相当する期間	支払保険料の2分の1に相当する金額
	②保険期間満了の時における被保険者の年齢が70歳を超え、かつ、当該保険に加入した時における被保険者の年齢に保険期間の2倍に相当する数を加えた数が95を超えるもの（③に該当するものを除く。）	同上	支払保険料の3分の2に相当する金額
	③保険期間満了の時における被保険者の年齢が80歳を超え、かつ、当該保険に加入した時における被保険者の年齢に保険期間の2倍に相当する数を加えた数が120を超えるもの	同上	支払保険料の4分の3に相当する金額

　（注）　前払期間に1年未満の端数がある場合には、その端数を
　　切り捨てた期間を前払期間とする。

（2）　保険期間のうち前払期間を経過した後の期間にあっては、
各年の支払保険料の額を一般の定期保険の保険料の取扱いの例に
より損金の額に算入するとともに、（1）により資産に計上した
前払金等の累積額をその期間の経過に応じ取り崩して損金の額に
算入する。

（注）

1　保険期間の全部又はその数年分の保険料をまとめて支払った場合には、いったんその保険料の全部を前払金として資産に計上し、その支払の対象となった期間（全保険期間分の保険料の合計額をその全保険期間を下回る一定の期間に分割して支払う場合には、その全保険期間とする。）の経過に応ずる経過期間分の保険料について、（1）又は（2）の処理を行うことに留意する。

2　養老保険等に付された長期平準定期保険等特約（特約の内容が長期平準定期保険等と同様のものをいう。）に係る保険料が主契約たる当該養老保険等に係る保険料と区分されている場合には、当該特約に係る保険料についてこの通達に定める取扱いの適用があることに留意する。

（経過的取扱い・・・逓増定期保険に係る改正通達の適用時期）

　この法令解釈通達による改正後の取扱いは平成20年2月28日以後の契約に係る改正後の1（2）に定める逓増定期保険（2（2）の注2の適用を受けるものを含む。）の保険料について適用し、同日前の契約に係る改正前の1（2）に定める逓増定期保険の保険料については、なお従前の例による。

　例えば、次のような保険契約内容の保険に加入した場合の経理処理を考えてみます（計算上の仮定の数値です）。

契約者：法人　　　　　　保険期間　　　｝77歳
被保険者：役員（男性）　保険料払込期間　（17年／前期期間10年間・後期期間7年間）
保険金受取人：法人　　　保険金額：2億5千万円
契約年齢：60歳　　　　　月払保険料：400,000円

（1）保険料支払時（毎月）

保険期間の前半の60％の期間（10年間）

支払保険料	200,000	現　　金	400,000
保険積立金	200,000		

保険期間の前半の40％の期間（7年間）

支払保険料	685,714	現　　金	400,000
		保険積立金	285,714（注）

（注）200,000円×12月×10年÷（12月×7年）＝285,714

（2）経過年数10年で解約した場合

現 金 預 金	43,070,000	保険積立金	24,000,000
		雑 収 入	19,070,000

そこで、この保険を解約して生ずる43,070,000円を資金源として、オーナーからの借入金を返済します。

このような逓増定期保険に関しては、解約返戻率の高いときに解約すると、より多額の借入金の返済をすることができることとなります。

もちろん、この場合、法人の課税所得が19,070,000円増加しますので、何らかの法人税対策が必要となります。

6 代物弁済を行う

> ### 代物弁済のポイント
> ☑ オーナーからの借入金を返済するために法人が土地等あるいは有価証券（保有する自己株式を除く）を代物弁済の対象とするときは、法人が所有する資産の帳簿価額によっては、法人税が課税されます。
> ☑ 代物弁済として引き渡す資産は適正な時価でない限り、給与課税等の問題も生じます。

（1） 代物弁済とは

　代物弁済とは、債権者の承諾を得て、その負担した給付に代えて他の給付をすることをいい、その給付をしたときに、弁済の効果が有することをいいます（民482）。

　一般に、借金の返済ができない事業者に対し、代わりに商品在庫や什器備品を引き上げることで弁済とするなど債権回収の手段・担保の手段として代物弁済が用いられることもあります。

　借入金の返済に代えて土地や家屋などを債権者に代物弁済したような場合には、その代物弁済によって消滅した借入金及びその利息の合計額が譲渡の収入金額になります。

　ただし、その債務の額がその資産の価額を超えるときは、その物の時価が限度となります。

　なお、債権者から清算金を取得する場合には、消滅した債務の金額にその清算金の額を加算した金額となります。

　現行の民法では、この代物弁済について次のように規定して

います。

民法
第482条
　債務者が、債権者の承諾を得て、その負担した給付に代えて他の給付をしたときは、その給付は、弁済と同一の効力を有する。

　これが、改正された民法では、次のようになります。

民法　第482条（平成29年5月26日成立、6月2日公布　施行日：公布の日を起算して3年を超えない範囲において定める日）
　弁済をすることができる者（以下「弁済者」という）が、債権者との間で、債務者の負担した給付に代えて他の給付をすることにより債務を消滅させる旨の契約をした場合において、その弁済者が当該他の給付をしたときは、その給付は、弁済と同一の効果を有する。

（2）　自己株式による代物弁済の場合

　会社がすでに保有する自己株式を、代物弁済としてオーナーへ提供する方法があります。

　株式発行会社が行った自己株式の取得については、金融商品取引所の開設する市場における購入や単元未満株式の買取の請求による取得など、一定の事由による場合を除き、原則としてみなし配当として課税されることとなりますが（所法25①五）、ここで説明する手法は、法人が個人に対し代物弁済としてすでに保有している自己株式を譲渡する場合ですので、法人の自己株式の売却価額とその自己株式の税務上の帳簿価額との

差額は、税務上、資本積立金額の増加又は減少として取り扱われます。つまり、売却の場合、基本的な考え方として、資本取引として取得価額と売却価額との差額は損益（譲渡益や譲渡損）として処理されません。また、それが適正な時価であれば譲受者であるオーナーについては、課税関係は生じません。

　この場合の適正な時価とは、株主の特性、評価会社の資産や収益の状況、将来の収益の見通し等を考慮して、合理的な価額を算定することとなりますが、この売買時の価額については、実務上は、次の法人税基本通達 9-1-13 及び 9-1-14 を考慮して株価を算定する場合が多いようです。

法人税基本通達

9-1-13　上場有価証券等以外の株式の価額

　上場有価証券等以外の株式につき法第 33 条第 2 項《資産の評価換えによる評価損の損金算入》の規定を適用する場合の当該株式の価額は、次の区分に応じ、次による。

（1）　売買実例のあるもの　当該事業年度終了の日前 6 月間において売買の行われたもののうち適正と認められるものの価額

（2）　公開途上にある株式（金融商品取引所が内閣総理大臣に対して株式の上場の届出を行うことを明らかにした日から上場の日の前日までのその株式）で、当該株式の上場に際して株式の公募又は売出し（以下 9-1-13 において「公募等」という。）が行われるもの（（1）に該当するものを除く。）　金融商品取引所の内規によって行われる入札により決定される入札後の公募等の価格等を参酌して通常取引されると認められる価額

（3）　売買実例のないものでその株式を発行する法人と事業の種類、規模、収益の状況等が類似する他の法人の株式の価額があるもの（（2）に該当するものを除く。）　当該価額に比準して推定した価額

（4）（1）から（3）までに該当しないもの　当該事業年度終了の日又は同日に最も近い日におけるその株式の発行法人の事業年度終了の時における1株当たりの純資産価額等を参酌して通常取引されると認められる価額

（注）下線は筆者が加筆

法人税基本通達

9-1-14　上場有価証券等以外の株式の価額の特例

　法人が、上場有価証券等以外の株式（9-1-13の（1）及び（2）に該当するものを除く。）について法第33条第2項《資産の評価換えによる評価損の損金算入》の規定を適用する場合において、事業年度終了の時における当該株式の価額につき昭和39年4月25日付・直資56直審（資）17「財産評価基本通達」（以下9-1-14において「財産評価基本通達」という。）の178から189-7まで《取引相場のない株式の評価》の例によって算定した価額によっているときは、課税上弊害がない限り、次によることを条件としてこれを認める。

（1）　当該株式の価額につき財産評価基本通達179の例により算定する場合（同通達189-3の（1）において同通達179に準じて算定する場合を含む。）において、当該法人が当該株式の発行会社にとって同通達188の（2）に定める「中心的な同族株主」に該当するときは、当該発行会社は常に同通達178に定める「小会社」に該当するものとしてその例によること。

（2）　当該株式の発行会社が土地（土地の上に存する権利を含む。）又は金融商品取引所に上場されている有価証券を有しているときは、財産評価通達185の本文に定める「1株当たりの純資産価額（相続税評価額によって計算した金額）」の計算に当たり、これらの資産については当該事業年度終了の時における価額によること。

（3）　財産評価通達 185 の本文に定める「1 株当たりの純資産価額（相続税評価額によって計算した金額）」の計算に当たり、同通達 186-2 により計算した評価差額に対する法人税額等に相当する金額は控除しないこと。

（注）下線は筆者が加筆

　つまり、法人税基本通達 9-1-4 のポイントは、次のようになります。

①　小会社で評価することとなるため、純資産価額方式の価額か類似業種比準価額（50％）と純資産価額（50％）の合計額との選択となります。

②　発行法人が土地や有価証券を保有しているときは、相続税評価額でなく、譲渡時の時価とされます。

③　純資産価額の計算においては、相続税評価額と帳簿価額との差額に相当する金額に相当する法人税等は控除しません。

④　この通達は、課税上弊害のない場合に適用されます。

（3）　土地・建物等の不動産による代物弁済の場合

　オーナーからの借入金について、会社所有の土地・建物と相殺する、つまり、代物弁済の対象として引き渡す方法が考えられます。

　この場合、土地・建物を代物弁済として引き渡す法人には法人税が課税されるほか、オーナー側にも、次のような手続き及び課税問題が生じることとなります。

イ　所有権の移転登記

代物弁済の対象となる資産が不動産の場合は、所有権を移転させるために所有権移転の登記手続きをしなければなりません。

ロ　申請書類

　登記の申請をするためには、以下の書類を譲渡される不動産を管轄する法務局に、提出する必要があります。

① 　登記申請

② 　登記識別情報

③ 　債務者の印鑑証明書

④ 　債務者法人の全部事項証明書

⑤ 　譲渡する不動産の固定資産価格証明書

⑥ 　代物弁済契約書

⑦ 　登記委任状（弁護士・司法書士に依頼した場合）

ハ　登録免許税

　所有権移転の登記の申請をするにあたり登録免許税を納めますが、土地と建物それぞれ別々に納める必要があり、登録免許税は以下の通りになります。

　土地：不動産価格の 20/1000（平成 31 年 3 月 31 日までの
　　　　場合は 15/1000）

※ 　平成 31 年度税制改正により、適用期限が 2 年延長される見込みです。

　建物：不動産価格の 20/1000

ニ　不動産取得税

　不動産取得税とは、土地・家屋等の不動産を有償・無償の別、理由を問わず、売買、交換、贈与、建築等によって取得した方に、土地、家屋それぞれについて課税される地方税です。

この場合の不動産の取得とは、不動産の所有権を取得することで、登記されているかどうかは問いません。

　法人への貸付金の代物弁済として、法人所有の土地や家屋をオーナーが取得した場合にも、不動産取得税の課税対象とされます。

　この登録免許税や不動産取得税の課税の基礎となる不動産の価格とは、総務大臣が定める固定資産評価基準によって評価・決定された価格である評価額をいい、不動産の実際の購入価額や建築工事費ではありません。ただし、不動産を取得した時に固定資産課税台帳に価格が登録されているときは、原則としてその価格となります。

　また、不動産の取得の時期は、必ずしも代金を支払った時又は登記をしたときとは限りません。契約書で所有権移転の日を定めている場合はその日が取得の日となり、定めていない場合は、契約内容から総合的に判断することとなりますが、一般的には契約の成立した時が取得の日とされます。

なお、税額の計算方法は次のとおりです。

課税標準額^(※1)×税率^(※2)＝税額

※1　課税標準額とは、不動産の価格をいいますが、宅地等の土地の場合は次のことをいいます。

　課税標準額＝不動産の価格×特例措置の率

　特例措置の率とは、平成33年3月31日までの取得の場合、2分の1となります。

※2　税率

取　得　日	土　地	家　屋（住宅）	家　屋（非住宅）
平成20年4月1日～ 平成30年3月31日	3/100	3/100	4/100

なお、代物弁済契約書は、次のような書式で作成します。

代物弁済契約書

　A（以下「甲」という）と株式会社B（以下「乙」という）は、以下の通りに代物弁済契約を締結した。

第1条（債務）

　乙は甲に対して平成○年○月○日に締結した金銭消費貸借契約に基づき発生した、現在、○○円の借入金債務を負担している。

第2条（代物弁済）

　前条の甲に対する借入金債務の代物弁済として、乙は乙の所有する後記不動産（以下「本件不動産」）の所有権を甲に移転するものとする。

第3条（所有権移転登記）

　乙は、本契約締結後、本件不動産における所有権移転の申請手続きを行うものとし、その費用は全て乙が負担しなければならない。

第4条（清算）

1．本件不動産の価格が甲の債権額を超える場合、甲は、乙から本件不動産の引渡を受ける際に、超過額を支払うものとする。

2．本件不動産の価格が、債権額に満たない場合、乙は不足額を甲に支払わなければならないものとする。

　以上の通り本契約が締結したため、本書2通を作成し、甲乙各1通を保有する。

　　甲
　　住所　東京都○○○
　　氏名　A○○○○㊞
　　乙
　　住所　東京都○○○
　　氏名　株式会社B
　　　　　代表取締役　○○○○㊞

```
【土地の表示】
所在
地番
地目　宅地
地積　〇〇平方メートル
```

（注）代物弁済契約における印紙税の取扱いについては、代物弁済により消滅する債務の金額が対象となりますが、代物弁済の目的物の価額が消滅する債務の金額を上回ることにより、債権者がその差額を債務者に支払う場合は、その差額を加えた金額となります（国税庁　質疑応答事例）。

　例えば、代物弁済契約書において、①借用金100万円の支払に代えて土地を譲渡するとしたものは、第1号文書100万円、②借用金100万円の支払に代えて150万円相当の土地を譲渡するとともに、債権者は50万円を債務者に支払うとしたものは、第1号文書150万円が契約金額となります。

　代物弁済において譲渡される資産が動産である場合には、契約書が成立している段階で、所有権は債権者へ移転します。

　しかし、対象の資産の引き渡しが行われるまで占有権は移転されません。そのため、判例上は、引き渡しが行われる（占有権が債権者へ移転）ことで、初めて債権者へ動産に関する効力が発生します。

　なお、この占有権とは、その物の所持・使用するための権利をいい、所有権者以外の第三者に主張できます。

　前述したように、上記の不動産の価格とは、相続税法に規定する時価とは相違します。

　相続税法においては、債務者が引き渡すこととなる不動産の時価とは、相続税法22条の時価となりますが、財産評価基本

通達第1章総則1（2）により、「財産の価額は、時価による
ものとし、時価とは、課税時期において、それぞれの財産の現
況に応じ、不特定多数の当事者間で自由な取引が行われる場合
に通常成立すると認められる価額をいい、その価額は、この通
達の定めによって評価した価額による」こととされています。

　このため、現行の税務の取扱いでは、時価という概念がいく
つもあり、法人とオーナーの取引において適用する時価につい
て、その算定が重要なポイントとなりますが、譲渡者が法人・
譲受者が個人（オーナー）のとき用いられる時価とは、不特定
多数の当事者間で自由な取引が行われる場合に通常成立すると
認められる価額が採用され、時価未満の取引では、次のような
課税関係が生じることとなります。

図表　時価未満での譲渡の課税関係

譲　渡　価　額	課　税　関　係
譲渡者側（法人）の課税関係	時価と譲渡価額の差額は寄附金となります（法法22②、37⑧）。 　なお、譲渡者が役員等である場合には役員等に対する給与となります（法基通9-2-9（2））。
譲受者側（オーナー）の課税関係	譲受価額と時価との差額は、一般的には一時所得となります（所基通34-1（5））。 　なお、譲受者が譲渡者である法人の役員等である場合には、給与所得となります（所法28、所基通36-15（1））。 　また、業務に関して譲り受ける場合等他の所得に該当する場合もあります（所基通34-1（5）かっこ書き）。

7　第二会社方式を活用する

> **第二会社による場合のポイント**
> ・・・
> ☑ 第二会社による場合、オーナー以外からの借入金、例えば、金融機関からの借入れがある場合、まず、それらを整理できるか、債権者にこの行為を納得させることができるかがポイントとなります。
> ☑ 第二会社に移行してまで、その事業を継続するかどうかは将来性を判断して実行します。事業継続の見込みがない場合は、清算手続きをとることとなります。

　平成26年1月20日に施行された産業競争力強化法の規定に基づき、中小企業の事業再生の円滑化を目的とし、第二会社方式による「中小企業承継事業再生計画」の認定制度が設けられています。

　「第二会社方式」とは、財務状況が悪化している中小企業の収益性のある事業を事業譲渡や会社分割により切り離し、他の事業者（第二会社）に承継させるとともに、不採算部門は旧会社に残し特別清算又は破産手続を通して金融機関より過剰債務相当額の放棄を受けることにより、事業の再生を図る再生手法の一つです。

　この第二会社方式は中小企業の事業再生にとっても有効な再生手法です。

　中小企業が第二会社方式による「中小企業承継事業再生計画」を作成し、その計画が一定の基準を満たせば、計画の認定を受けることができます。

計画の認定を受けると、次の３つの支援措置を活用することができます。

①第二会社が営業上の許認可を再取得する必要がある場合には、旧会社が保有していた事業に係る許認可を第二会社が承継することができます。

②第二会社を設立した場合等の登記に係る登録免許税、第二会社に不動産を移転した場合に課される登録免許税の軽減措置を受けることができます。

③第二会社が必要とする事業を取得するための対価や設備資金など新規の資金調達が必要な場合、日本政策金融公庫の融資制度、中小企業信用保険法の特例、中小企業投資育成株式会社法の特例を活用することができます。

　この認定対象となるのは、過大な債務を抱え、事業の継続が困難となっている、収益性のある事業を有しているなどの中小企業が対象となります。

　認定には中小企業再生支援協議会等を通じた公正な債権者調整プロセスを通じ、金融機関の合意を得ることなど、一定の要件を満たすことが必要です。

　ただし、この認定方式では、単にオーナーの債権放棄によるオーナー貸付金の削減目的では、その手続き等から検討するとその適用は難しいと考えられます。

　そこで、この認定を受けずに「第二会社方式」によるオーナーからの借入金の削減方法を考えてみたいと思います。

　通常、企業の収益性のある事業を会社分割又は事業譲渡により分離し、新設法人又は既存の別法人、つまり第二会社に承継させ、不採算事業や債務が残った移転元法人については、その

104

後法人を清算して整理することとなります。

　この分割後において、一般的な手法による第二会社方式の場合には、分割法人は対価として取得した分割承継法人株式を第三者である企業へ譲渡等して、現金化し、それを債務の弁済原資に充てるという手順となりますが、オーナー会社におけるオーナーからの借入金の削減手法では採用されないことと思います。

　なお、移転元法人については、期限切れ欠損金の損金算入制度を活用して、清算します。

　つまり、移転元法人（分割の場合の分割法人、事業譲渡の場合の譲渡元法人）は解散し、清算中に債務免除を受けることになり、債務免除益が益金の額に算入されますが、清算中に終了する事業年度であるため、「残余財産がないと見込まれる」という要件を充足する限り、期限経過欠損金（期限切れ欠損金）を損金の額に算入することができ、課税が生じないように対応することはできます（法法59③）が、オーナー以外からの借入金がある場合、それらの債務をまず整理してからではないと実行はできません。

8　貸付金を親族に贈与する

オーナー貸付金の贈与のポイント

☑ 一般的に財産価値の低いオーナー貸付金について、贈与税の納税まで行ってまで、貸付金の贈与をするメリットはあまりありません。ただし、贈与税の基礎控除額である110万円の範囲の貸付金の贈与であれば、オーナー貸付金の削減の一方法ではあります。

☑ 「祖父母又は父母などの直系尊属から、贈与を受けた年の1月1日において20歳以上の子又は孫への贈与」については、平成27年分から贈与税率が軽減されているため、贈与税負担が少なく短期的にオーナーの貸付金を削減できますが、財産価値の低い借入金の贈与を受けた受贈者は、その後の貸付金の削減方法の検討が必要となります。

　オーナーの法人に対する貸付金は、金銭債権であることから、貸付金自体を親族等に贈与して、オーナーからの借入金を削減する手法があります。

　ただし、一般的にオーナーからの借入金の評価は難しく、また、財産価値も乏しいものの、貸付金の評価方法は前述したような評価額によることとなり、一時的な削減手法としては考えられますが、贈与を受ける親族等への税務対策は、別途考えなくてはなりません。

　なお、平成27年分以降の贈与については、「祖父母又は父母などの直系尊属から、贈与を受けた年の1月1日において20歳以上の子又は孫への贈与」である場合には、次のように「特例贈与財産」への特例税率が適用されます。

106

① 特例税率

　直系尊属からの贈与により財産を取得した者（その年1月1日において20歳以上の者に限る）のその財産に係る贈与税の額は、基礎控除後の課税価格に次に掲げる特例税率を適用して算出します（措法70の2の4①）。

27年分以降		
控除後の課税価格	税率	速算控除額
200万円以下の金額	10%	－
400万円以下の金額	15%	10万円
600万円以下の金額	20%	30万円
1,000万円以下の金額	30%	90万円
1,500万円以下の金額	40%	190万円
3,000万円以下の金額	45%	265万円
4,500万円以下の金額	50%	415万円
4,500万円超の金額	55%	640万円

② 上記①以外の贈与財産に係る贈与税の一般税率（相法21の7）

27年分以降		
控除後の課税価格	税率	速算控除額
200万円以下の金額	10%	―
300万円以下の金額	15%	10万円
400万円以下の金額	20%	25万円
600万円以下の金額	30%	65万円
1,000万円以下の金額	40%	125万円
1,500万円以下の金額	45%	175万円
3,000万円以下の金額	50%	250万円
3,000万円超の金額	55%	400万円

　贈与税の具体的な税額計算は、次の（1）から（3）のように計算します。

（1）「一般贈与財産」の計算を行う場合

　次の①又は②に区分して、贈与税額を計算します。

①　直系尊属以外の親族（夫、夫の父や兄弟等）や他人から贈与を受けた場合

②　直系尊属から贈与を受けたが、受贈者の年齢が財産の贈与を受けた年の1月1日現在において20歳未満の者の場合（つまり、20歳未満の子や孫の場合）

　例えば、贈与財産の価額が500万円の場合は、上記②の「一般税率」を使用します。

　基礎控除後の課税価格　500万円－110万円＝390万円

　贈与税額の計算　390万円×20％－25万円＝53万円

（2）「特例贈与財産」の計算を行う場合

　財産の贈与を受けた年の1月1日現在において20歳以上の

子や孫が父母又は祖父母から贈与を受けた場合に、次の計算方法によることとなります。
(例) 贈与財産の価額が500万円の場合は、「特例税率」を使用します。
　基礎控除後の課税価格　500万円－110万円＝390万円
　贈与税額の計算　390万円×15％－10万円＝48.5万円

(3) 「一般贈与財産」と「特例贈与財産」の両方の計算が必要な場合

20歳以上の方が、配偶者と自分の両親の両方から贈与を受けた場合などには、次の計算を行うこととなります。
① すべての財産を「一般税率」で計算した税額に占める「一般贈与財産」の割合に応じた税額を計算します。
② すべての財産を「特例税率」で計算した税額に占める「特例贈与財産」の割合に応じた税額を計算します。
③ 納付すべき贈与税額は、①と②の合計額となります。
例えば、一般贈与財産が100万円、特例贈与財産が400万円の場合、次のように計算します。
① まず、合計価額500万円を基に、すべての贈与財産を「一般贈与財産」として税額計算をします。
500万円－110万円＝390万円
390万円×20％－25万円＝53万円
　次に、上記の税額のうち、一般贈与財産に対応する税額（一般税率）の計算をします。
53万円×100万円／（100万円＋400万円）＝10.6万円・・・イ

そのあとに、「特例贈与財産」の部分の税額計算を行います。

② 合計価額500万円を基に、すべての贈与財産を「特例贈与財産」として税額計算します。

500万円－110万円＝390万円

390万円×15％－10万円＝48.5万円

次に、上記の税額のうち、特例贈与財産に対応する税額（特例税率）の計算をします。

48.5万円×400万円／（100万円＋400万円）＝38.8万円・・・ロ

最後に、贈与税額の計算を次のように行います。

③ 贈与税額＝一般贈与財産の税額（イ）＋特例贈与財産の税額（ロ）

イ10.6万円＋ロ38.8万円＝49.4万円

この金額が、納付すべき贈与税額となります。

なお、債権贈与契約書は次のような書式となります。

債権贈与契約書

贈与者○○○○（以下「甲」という。）と、受贈者○○○○（以下「乙」という。）とは、次のとおり贈与契約を締結した。

（贈与の合意）
第1条　甲は乙に対し、本日、下記の債権を贈与することを約し、乙はこれを承諾した。

記

債権の表示

　　　　甲が、○○所在の株式会社○○○○（以下「丙」という。）
　　　に対して有する、平成○○年○○月○○日付金銭消費貸借契
　　　約書に基づく貸金返還請求権金○○○万円

（通知又は承諾）
第２条　甲は、丙に対し、前条記載の債権の譲渡の通知を行い、
　　　又は丙の承諾を得る。
　　２　前項の通知又は承諾は、確定日付のある証書をもって行
　　　う。

（譲受債権の回収）
第３条　譲受債権の回収については、乙の責任と負担において行
　　　うこととする。

（契約締結費用の負担）
第４条　本契約締結に要する費用は乙の負担とする。

　以上の契約を証するため本契約書２通を作成し、甲乙両者記名
捺印のうえ、各自その１通を保持する。

　　　　　　平成○○年○○月○○日

　　　　　　　贈与者（甲）
　　　　　　　　　　住所　東京都
　　　　　　　　　　氏名　○○○○㊞
　　　　　　　受贈者（乙）
　　　　　　　　　　住所　東京都
　　　　　　　　　　氏名　○○○○㊞

　第１条の「債権の表示」については、債権者、債務者、債
権の発生原因、発生日付、金額等を明確に記載して、債権を確

定する必要があります。

　なお、相続等が生じた場合、債権の存在を証明する書類等の有無が税務上問題となります。そこで、債権贈与契約書については、公証人役場において確定日付や公正証書として、証明や認証を受けておくことがトラブル防止となります。

第2部

オーナー社長の会社からの借入金

1 オーナーの会社からの借入れの発生要因

　中小企業で、オーナーの会社からの借入金の発生原因で最も多いのは、オーナーへの役員給与の一時的な代替です。

　つまり、法人に利益を計上するため、役員給与を低めに抑えることにより、個人が生活するうえではその低い役員給与額では金銭的に不足するため、その不足分を会計上、貸付金として法人から支出することがあります。

　そのほか、次に掲げるような理由により法人からの金銭貸付けが生じることがあります。

(1) オーナーには明確な使用目的があるにもかかわらず、手続きが行われずにそのままとなっている場合

　例えば、オーナーの高額資産購入のため、一時的に会社の預金から支出され、その精算が行われていないようなときが該当します。

(2) 使途不明金となっている支出金を経理処理の都合上、オーナーへの貸付金として処理している場合

　会社の経費と支出することができないような支出金を、オーナーへの貸付金としているようなときが該当します。

(3) オーナーへの仮払金や立替金処理したものが処理されずにオーナーへの貸付金となっている場合

　例えば、接待交際を実施するために、仮払金処理したものが精算されずに累積したようなケースが考えられます。

（4）会社設立時に資本金として拠出した金額を、会社設立後、すぐに役員が引き出している場合

　オーナー企業として設立したような場合で、設立間もないときには収入が生じないことから、資本金として拠出した金額を引き出したようなときに、オーナーへの貸付金が残ってしまいます。

（5）オーナー個人が不動産・有価証券資産を購入するため支出している場合

　例えば、オーナーが自宅を購入する際、法人の預金から支出するようなときに生じます。

2 借入れに関する課税関係と留意点

1 オーナーの会社からの借入れの概要

(1) 借入れを行う際に必要な手続き

　会社法355条では、「取締役は、法令及び定款並びに株主総会の決議を遵守し、株式会社のため忠実にその職務を行わなければならない」と、忠実義務を規定しています。

　この忠実義務には、「自己又は第三者の利益を優先させて会社の利益を犠牲にするようなことをしない」ということが含まれます。

　会社法では、取締役が会社と利益が相反する行為を制限していますが、その根拠はこの忠実義務にあります。

　利益相反行為を禁止する一つの規定として、会社と取締役の取引があります。例えば、この行為には会社が取締役に金銭を貸し付ける場合も含まれます（会社356①三）。

　会社が取締役に金銭を貸し付ける場合、取締役会非設置会社の場合は株主総会、それ以外は取締役会の承認が必要となります。

　つまり、取締役と会社が取引をする場合、取締役が会社の利益を損ない、自己又は第三者の利益を図り、会社が損害を受けるおそれがあるためです。

　このために、前述の金銭消費貸借契約書のほか、次のような承認を受けた議事録の作成が必要となります。

臨時株主総会議事録

　平成○○年○○月○○日午前○○時○○分から、当会社の本店において臨時株主総会を開催した。

株主の総数	○名
発行済株式総数	○株
議決権を行使できる株主の総数	○名
議決権を行使することができる株主が有する議決権の総数	○個
議決権を行使することができる出席株主数（委任状によるものを含む）	○名
この議決権の総数	○個

　以上のとおり株主の出席があったので、定款の規定により代表取締役社長○○○○は議長席につき、本臨時総会は適法に成立したので、開会する旨を宣し、直ちに議事に入った。

第1議案　当会社と取締役○○○○との利益相反取引承認の件

　議長は、当会社の取締役である○○○○と当会社との間で、平成○○年○○月○○日付で締結する金銭消費貸借契約が利益相反行為に該当するため、会社法第356条により本件契約につき承認を得る必要がある旨を述べ、賛否を議場に諮ったところ、満場一致をもってこれに賛成した。

第2議案　株式会社○○との金銭消費貸借契約締結の件

　議長より、取締役○○○○が代表取締役社長を務める株式会社○○と以下のとおり金銭消費貸借契約を締結することについて、その契約に至る経緯、株式会社○○○○の信用状態、返済計画の見通しなど説明をした後、賛否を議場に諮ったところ、満場一致をもってこれに賛成した。

貸付金額	○○○円
貸付日	平成○○年○○月○○日

返済方法

利息　　年利　　　％

連帯保証

担保設定

議長は、以上をもって本日の議事を終了した旨を述べ、午前○時○分閉会した。

以上の決議を明確にするため、この議事録を作成し、議長及び出席取締役がこれに記名押印する。

平成○年○月○日

　　　　　　　○○○○株式会社　臨時株主総会

　　　　　　　　　代表取締役　○○○○　㊞

　　　　　　　　　　取締役　○○○○　㊞

　　　　　　　　　　取締役　○○○○　㊞

　取締役が会社からの借入を行うに際しての承認の決議に際して、会社と利益が相反する取引をしようとする取締役が出席している場合には、その決議について特別な利害関係を有するため、議決に加わることはできません（会社369②）ので、次のように議事録に加筆します。

　「なお、取締役○○○○氏は決議につき特別の利害関係を有するので、議決には加わらなかった。」

（2）会社と役員間の金銭借用証書に係る印紙税の取扱い

　印紙税法において、社内文書は課税対象とされませんが、会社と役員間で金銭の貸借をした場合の金銭消費貸借契約書について、これがこの社内文書に該当するかについては、次のような国税庁の回答事例があり、印紙税における非課税文書とされずに、印紙税の課税対象とされることが明らかにされていま

す。

会社と社員の間で作成される借入申込書、金銭借用証書

【照会要旨】

　当社には、社員の福利厚生の一つとして住宅購入資金、教育資金等の社内貸付制度があります。社員がその制度を利用して資金貸付け等を受けるには、まず①の「借入申込書」を提出し、社内審査で貸付けが認められた後、さらにの②「金銭借用証書」を提出することになっています。これらの書類は社内の事務文書でありますが、課税対象になりますか。

| ①　　　　　平成 XX 年3月3日
借入申込書
○○株式会社
　代表取締役社長　殿
　　　　　　申込者＿＿＿＿＿印
　下記のとおり借入れしたいので、申込みいたします。
1．申込金額　￥
2．用　　途
3．連帯保証人　氏名＿＿＿＿印 | ②　　　　　平成 XX 年4月2日
金銭借用証書
○○株式会社
　代表取締役社長　殿
　　　　　　借受人＿＿＿＿＿印
　下記金額を借用いたしました。
1．借入金額　￥
2．用　　途
3．連帯保証人　氏名＿＿＿＿印
　　　（以下略） |

【回答要旨】

　同一法人の部内又は本店・支店（出張所）の間で、事務の整理上作成する文書は、その作成者の人格が同一であることから印紙税は課税されません（第3号文書又は第9号文書に該当する場合には課税文書に該当します。）。

　しかし、会社と社員との間で作成される文書は、それぞれ独立した人格を有する者の間のものですから、同一法人内で作成する文書には当たりません。

　①の「借入申込書」は、単なる借入申込書で金銭消費貸借契約の成立を証明するものではありませんが、これに併記した連帯保証人の事項は、保証人となることを承認した者がその事実を証明

するために署名、押印するものですから、第13号文書（債務の保証に関する契約書）に該当することになり、連帯保証人が納税義務者になります。

②の「金銭借用証書」は、借主が金銭を借り入れる際、借入金額、返済期日、利率、利息の支払方法等を記載して貸主に差し入れる文書であり、第1号の3文書（消費貸借に関する契約書）に該当し、その借入金額に応じた印紙税が課税されます。

なお、金銭借用証書は、必ずしも上記の事項のすべてが記載されていないもの（たとえば、単に借入金額を記載しただけのもの）であっても第1号の3文書になります。

また、連帯保証人の署名、押印は、主たる債務（成立した消費貸借契約）に併記したものですから、第13号文書から除かれます。

（参考）

会社と社員の間で作成される文書で課税対象となるものには、社内預金を受け入れた際に作成する「預金預り証」、「受取書」、「社内預金通帳」等があります。

【関係法令通達】 印紙税法基本通達第12条、第14条

貼付する印紙税額については、第1部②1（1）を参照してください。

2　借入れに係る利息に関する課税

（1）法人からオーナーへの金銭の貸付けと金利

法人がオーナーへ金銭の貸付けを行った場合、オーナーが法人へ貸し付けた場合と違い、必ず、金利を収受しなくてはなりません。

ただし、法人が、役員又は使用人に低い利息で金銭を貸し付

けた場合において、平成26年以後の貸付けについては、その利率が貸付けを行った日の属する年の特例基準割合による利率以上であれば、原則として、給与として課税されません。

　平成29年以後の特例基準割合による利率は1.7％ですが、1.7％に満たない利率で貸付けを行った場合には、次の①から③のいずれかに該当する場合を除き、1.7％の利率と貸し付けている利率との差額が、給与として課税されることになります。

　この場合の特例基準割合とは、「国内銀行の貸出約定平均金利（基準金利）＋1％」で、具体的には、各年の前々年の10月から前年の9月までの各月における「国内銀行の貸出約定平均金利（新規・短期）」の合計を12で除して計算した割合（この割合に0.1％未満の端数があるときは、これを切り捨てます）として各年の前年の12月15日までに財務大臣が告示する割合に、年1％の割合を加算した割合をいいます。

　なお、この「国内銀行の貸出約定平均金利（新規・短期）」の年平均（前々年の10月から前年の9月まで）に相当する割合は、各年の前年12月15日までに財務大臣が告示することとされています（措法93②）。

① 　会社が他の銀行等から借入れた資金を役員に貸し付けた場合は、原則としてその借入金と同じ利率により計算した額

② 　会社の自己資金を貸し付けた場合は、通常取得すべき利率により計算した額

③ 　会社の定期預金を担保にして借り入れた資金を貸し付けた場合は、定期預金を担保にして借り入れた利率（不動産担保の借入利率より低い利率）により計算した額

したがって、法人が、役員等に対し、通常より低い利率で金銭の貸付けを行った場合には、通常の利率により計算した利息の額から、その役員等から徴収した利息の額を差引いた差額は、その役員に対する給与として取り扱われます（法基通9-2-9（7））。

　なお、銀行等からの借入金を貸し付けた場合とは、通常借入れがない法人が、一時的に納税資金等の調達のために借入れをした場合は、その借入資金を貸し付けたことにはならず、この場合の利率は利息の認定とは関係がないことになります。

　また、使用者が役員又は使用人に対し金銭を無利息又は所得税基本通達36-49により評価した利息相当額に満たない利息で貸し付けたことにより、その貸付けを受けた役員又は使用人が受ける経済的利益で、次に掲げるものについては、課税しなくて差し支えありません（平11課法8-11、課所4-23改正）。

①　災害、疾病等により臨時的に多額な生活資金を要することとなった役員又は使用人に対し、その資金に充てるために貸し付けた金額について、その返済に要する期間として合理的と認められる期間内に受ける経済的利益

②　役員又は使用人に貸し付けた金額について、使用者における借入金の平均調達金利（例えば、当該使用者が貸付けを行った日の前年中又は前事業年度中における借入金の平均残高に占める当該前年中又は前事業年度中に支払うべき利息の額の割合など合理的に計算された利率をいう）など合理的と認められる貸付利率を定め、これにより利息を徴している場合に生じる経済的利益

③　①及び②の貸付金以外の貸付金につき受ける経済的利益

で、その年（使用者が事業年度を有する法人である場合には、その法人の事業年度）における利益の合計額が5,000円（使用者が事業年度を有する法人である場合において、その事業年度が1年に満たないときは、5,000円にその事業年度の月数（1月未満の端数は1月に切り上げた月数）を乗じて12で除して計算した金額）以下のもの

（参考）貸付資金が他から借り入れたものでない場合の、貸付けを行った年ごとの通常の利率

貸付けを行った年	利率（年）
平成14年1月1日〜平成18年12月31日	4.1%
平成19年1月1日〜平成19年12月31日	4.4%
平成20年1月1日〜平成20年12月31日	4.7%
平成21年1月1日〜平成21年12月31日	4.5%
平成22年1月1日〜平成25年12月31日	4.3%
平成26年1月1日〜平成26年12月31日	1.9%
平成27年1月1日〜平成28年12月31日	1.8%
平成29年1月1日〜平成29年12月31日	1.7%
平成30年1月1日〜平成30年12月31日	1.6%

　また、使用人に対する住宅資金の貸付けを平成22年12月31日までに行った場合には、年1％の利率を基準とする特例がありました（所法36、所基通36-15、36-28、36-49、措法93、平22改正措法附則58、平22改正措令附則14、平22改正措規附則7）。

　この特例は平成22年12月31日の適用期限の到来をもって廃止されましたが、同日以前に使用者から住宅資金の貸し付けを受けている人に対しては、廃止前の特例が引き続き適用されますが、平成23年1月1日以降、新規に使用者が使用人に対して住宅取得資金の貸付けを行った場合については、通常の

金銭貸付けの場合と同様の取扱いとなります。

　上記のように計算された認定利息について、さらに認定利息ををを計算するかについては、次のような取り扱いとされています。

国協 178
直法 1 － 165
昭和 29 年 9 月 15 日

　国税局長　殿

国税庁長官

認定利息の取扱について

　標題のことについて熊本国税局協議団本部長から別紙のとおり上申があったが、これについては、乙説によることとし、左記の点に留意のうえその取扱に遺憾のないようにされたい。

記

1　同族会社の代表者等に対する仮払金（貸付金を含む。以下同じ。）について認定利息を計算することは当然であるが、当該計算に当っては、進んで複利計算によるようなことはしないで、元本である仮払金についてだけ利息を認定することとし、認定利息の集積額については、利息を認定しないものとすること。ただし、当該利息を元本に繰り入れた場合または元本についてだけ返済があり、利息について未収のまま放置している場合等特に課税上弊害があると認められるときには、この限りでないこと。
2　代表者等からのもどし入額について、元本である仮払金または未収利息のいずれに充当するかは、会社計算によるものとすること。

124

別紙

熊協420
昭和29年8月6日

国税庁協議団本部長　殿

熊本国税局協議団本部長

認定利息の取扱について

　同族会社が昭和23年事業年度の調査の際売上脱洩があったので、法人は翌期においてこれを借方社長仮払勘定、貸方雑収入として受入れ、賞与処分を留保処分に訂正した。その後の事業年度毎に法人は社長仮払に対して認定利息を計算し、その金額を社長仮勘定に加算せず、別科目の未収金勘定で社内留保を行って現在に至った。

　この場合、仮払金に対する認定利息を、借方未収金勘定、貸方受取利息で留保した金額の累積されたものも、当然認定利息を課税すべきであると認むるべきか否かについて、下記のとおり甲説乙説があるので御指示を仰ぎたく上申いたします。

　なお、乙説を相当と認める場合は、社長よりの戻入があった場合、仮払金と未収金の何れより減少させるべきかについても御指示を願います。

記

甲説
　同族会社が認定利息相当額を未収金とした事実は、社長に対する認定利息の源泉所得税負担を回避せんとするものであり、社長仮払金と何等異なるものでなく認定利息相当額を借方社長仮払金貸方雑収入としている事実と比較して未収金という勘定のみを以て、認定利息を計算しないことは、結果的に見て、法人税負担を不当に減少させる結果となり、課税の公平の実現上、同族会社の行為否認として課税すべきである。

乙説
　同族会社の行為否認として、認定利息を計算することは当然であるが、その認定利息の集積された未収金の残高に対して、更に認定利息を課税することは、所謂重利であり、過酷であるから、無理に課税すべきではない。

（注）下線は著者が加筆

　つまり、課税上弊害がない場合には、元本だけ利息の認定を行い、認定利息の集積額についてまでは利息計算をしなくてよいこととなります。

（2）毎月の増減のある貸付金の利息の計算

　役員への貸付けがあり、その借入れ・返済が頻繁に行われることがあります。このような場合、認定利息の計算について、本来その都度利息計算をすべきものですが、そのような計算は煩雑であることから、次のように大阪高裁の判決で示されている方法により計算する手法が考えられます。

大阪高裁　昭和53年3月30日　（Z097-4169）
　（1）その融資、返済の出入り回数が多く、また、その金額が大小さまざまであるため、その融資額ごとに適正な利息相当額を計算することは複雑困難であるばかりではなく、その実益が少ないので、最も合理的な計算方法として、別表記載の各月末現在における融資残額を合計した金額を12か月で除し、被控訴人に対する本件各係争事業年度中における各月末現在の平均融資残額を算出のうえ、（2）これに通常借入れに必要な利率と考えられる年10パーセントを乗じて、（3）本件第1事業年度の利息相当額を214万1739円、本件第2事業年度の利息相当額を265万4460円と算出した。

例えば、３月決算で、毎月末の借入金残高が、次のような場合は以下のように計算します。

ただし、月初に貸し付け、月末に返済する等のような場合、この方式を適用することが適当でない場合は認められません。

年月	借入残高	
29 年４月	25,500,000	
29 年５月	31,200,000	
29 年６月	28,600,000	
29 年７月	21,520,000	
29 年８月	24,530,000	236,530,000
29 年９月	26,980,000	
29 年 10 月	23,500,000	
29 年 11 月	26,800,000	
29 年 12 月	27,900,000	
30 年１月	24,680,000	
30 年２月	23,750,000	74,930,000
30 年３月	26,500,000	
計	311,460,000	

① 29 年４月～29 年 12 月

$236,530,000 \div 9 = 26,281,111$

$26,281,111 \times 1.7\% \times \dfrac{9}{12} = 335,084$

② 30 年１月～30 年３月

$74,930,000 \div 3 = 24,976,666$

$24,976,666 \times 1.6\% \times \dfrac{3}{12} = 99,906$

③ ①＋②＝ 434,990

このように簡便に計算した 434,990 円が、金銭貸付法人が収受すべき利息金額となります。

3 オーナーへの貸付金に係る貸倒損失と貸倒引当金

（1）オーナーへの貸付金に係る貸倒損失

　法人が有する金銭債権について、一定の事実が生じた場合には、その金銭債権の額のうち全部又は一部の金額は、その事実の発生した日の属する事業年度において、貸倒れとして損金の額に算入することが認められています（法法22③三、法基通9-6-1(3)）。

　ただし、貸付金、その他これに準ずる債権については、①法律上の貸倒れ、あるいは②事実上の貸倒れが生じたときに、貸倒損失として計上することができます。

　①の法律上の貸倒れとは、債権の全部又は一部が法的手続により切り捨てられた場合をいい、経理方法・処理方法は問わず、損金算入が強制されます。

　これに対し、②の事実上の貸倒れとは、債権に係る担保物処分後の全額が債務者の資産状況、支払能力からみて回収不能となった場合をいい、貸倒損失として経理処理したときに、損金算入が認められることとなります。

　オーナー貸付金を削減するため等の貸倒損失は、この②の事実上の貸倒れに該当する場合に限り、会社がオーナーへの貸付金について回収困難と判断して貸倒処理をすることができることとなりますが、恣意性が入りやすいことから、課税当局とトラブルを生じ、回収可能性の判断（損失が認められた事例）を問題とした次の判決例があります。

128

東京地裁　平成 25 年 10 月 3 日（Z263-12301）【貸倒損失／元代表者に対する貸付金等の回収可能性／代位弁済の成否】

　本件は、原告が、平成 19 年 12 月 1 日から平成 20 年 11 月 30 日までの事業年度の法人税について、貸倒損失として 3 億 8642 万 4236 円を計上した上で、確定申告を行ったところ、処分行政庁が、貸倒損失の計上を否認し、更正処分等を行ったことから、その取消しを求める事案である。

　原告は、平成 19 年 12 月 5 日、乙の銀行口座に 3 億 0121 万 8603 円を振込送金し、同日、本件借入金（乙が、原告からの借入金の一部を返済するために C 信金から借り入れたもの、丙及び甲が連帯保証人、原告は根抵当権設定者兼連帯保証人）の元金残額と最終利息の合計 3 億 0121 万 8630 円が乙名義の預金口座から C 信金に送金されて返済され（本件返済）、これにより本件借入金は完済された。被告は、本件返済について、実質的には原告がしたものであり、代位弁済が成立すると主張するが、事実関係を前提として検討すると、本件返済は、代位弁済が成立するために必要となる要件である、原告による債権者（C 信金）に対する返済という事実を欠いている上、本件返済の相手方である C 信金も代位弁済であるとは認識していなかったことがうかがわれるところであるから、代位弁済の成立を認めることはできない。

　したがって、代位弁済の存在を前提とする被告の主張はいずれも理由がなく、原告は、本件借入金に係る C 信金の乙に対する貸付債権を代位行使することはできないから、これに基づいて丙及び甲に対する保証債権を行使することもできない。よって、原告が各保証債権を行使し得ることを理由として、本件事業年度末において、本件貸付金等の回収可能性が存在したということはできない。

　法人の各事業年度の所得の金額の計算において、金銭債権の貸倒損失を法人税法 22 条 3 項 3 号にいう「当該事業年度の損失の額」として当該事業年度の損金の額に算入するためには、当該

金銭債権の全額が回収不能であることを要すると解される。そして、その全額が回収不能であることは客観的に明らかでなければならないが、そのことは、債務者の資産状況、支払能力等の債務者側の事情のみならず、債権回収に必要な労力、債権額と取立費用との比較衡量、債権回収を強行することによって生ずる他の債権者とのあつれきなどによる経営的損失等といった債権者側の事情、経済的環境等も踏まえ、社会通念に従って総合的に判断されるべきものである〔最高裁平成 14 年（行ヒ）第 147 号同 16 年 12 月 24 日第二小法廷判決・民集 58 巻 9 号 1637 頁参照〕。

　被告は、本件株式贈与（乙から甲らに対する原告株式及びB社株式の贈与）並びにこれに対する原告及びB社の取締役会がした各承認について、本件各株式は乙の主要な財産であったから、本件各株式を対価を得ずに贈与したのは不自然であり、これを承認したのも本件貸付金等を回収する機会を放棄したものであると主張する。しかし、甲らは、甲らが本件各株式を乙から有償で取得することを検討したものの、甲らは本件各株式の合計評価額である 8351 万 4000 円を捻出することはできなかったため、これを断念し、贈与税は発生するもののより少ない負担で本件各株式を譲渡できる方法として、本件株式贈与を選択したと認められるところ、かかる選択は格別不自然とはいい難いから、本件株式贈与及び本件承認決議をもって、原告があえて本件貸付金等の回収を放棄したとはいうことができない。

　乙は、本件事業年度末である平成 20 年 11 月 30 日時点において、本件貸付金等の返済に供せる程の資産を有していなかったことが認められるから、同日時点において、本件貸付金等の全額が回収不能となっていたことが認められる。

　以上によれば、原告は、本件事業年度において、本件貸付金等（3億 7872 万 4236 円）を損金計上することができる。

（注）下線は筆者が加筆

（2） 役員に対する貸付金に係る貸倒引当金の設定

　一定の法人が有する金銭債権について、将来発生することが予測される貸倒れの損失見込み額として、期末における金銭債権の額を基礎として算定される繰入限度額に達するまでの金額を、損金経理により貸倒引当金勘定に繰り入れた場合には、その損金算入が認められます（法法52、措法57の9）。

　この場合、役員に対する貸付金は、役員に対する貸付けの事実が明らかであれば、貸倒引当金の設定の対象となる一括評価金銭債権に該当します。

　つまり、貸倒引当金の設定の対象となる一括評価金銭債権とは、売掛金、貸付金その他これらに準ずる金銭債権で、個別評価の対象となった金銭債権及び非適格合併等により合併法人等に移転する金銭債権を除いたものとされており、役員に対する貸付金が除外されていません。

　したがって、役員に対する貸付金は一括評価金銭債権となります。なお、同族会社の役員であっても同様な取り扱いとなります。

　なお、一括評価金銭債権についての貸倒引当金の設定は、①実績繰入率に基づく計算と②法定繰入率に基づく計算の2つがあります。

　①の実績繰入率に基づく計算は、貸倒引当金の設定対象事業年度末の一括評価金銭債権の帳簿価額に、過去3年間の貸倒損失発生額に基づく法定繰入率を乗じて計算します。

　つまり、次のような算式により計算します。

　繰入限度額＝期末一括評価金銭債権の帳簿価額×貸倒実績率

この貸倒実績率は、次の算式により、小数点以下４位未満を切り上げて計算します。

$$\frac{\text{その事業年度開始の日前３年以内に開始した各事業年度の売掛債権等の貸倒損失の額} \times 12}{\text{各事業年度の月数の合計額}}$$

　また、②の法定繰入率に基づく計算（中小法人又は公益法人等若しくは協同組合等向けの特例）は、下記に掲げる各法人について、①の実績率に基づく計算に代えて、次の繰入限度額の計算による方法が認められています。

〔対象法人〕

（１）中小法人（下記以外の法人）

　　イ　事業年度末における資本金が１億円超の普通法人

　　ロ　資本金が５億円以上の法人、相互会社又は受託法人（これらを併せて「大法人」といいます）による完全支配関係がある普通法人

　　ハ　完全支配関係がある複数の大法人に発行済株式等の全部を保有されている普通法人

　　ホ　保険業法に規定する相互会社

　　ヘ　保険業法に規定する外国相互会社

（２）公益法人又は協同組合等

〔繰入限度額〕

　次の算式により、計算します。

　繰入限度額＝（期末一括評価金銭債権の帳簿価額－実質的に債権とみられない金額）×法定繰入率

　なお、法定繰入率は次のとおりとなっています。

卸売業及び小売業（飲食店業及び料理店業を含みます）	製造業	金融業及び保険業	割賦販売小売業並びに包括信用購入あっせん業及び個別信用購入あっせん業	その他
10/1000	8/1000	3/1000	13/1000	6/100

4 「金融検査マニュアル」におけるオーナーへの貸付金の位置付け

　前掲の金融検査マニュアルでは、オーナーへの貸付金について、「当該企業に代表者への貸付金や未収金等がある場合には、その回収可能性を検討し回収不能額がある場合にはその企業の自己資本相当額から減額する。」こととなり、自己資本のマイナス項目として取り扱われています。

3 オーナーの会社からの借入れの解消方法

1 会社がオーナーに対し債権放棄を行う

(1) 債務免除を受けた場合の経済的利益の総収入金額不算入

　債務免除益のうち、債務者が資力を喪失して債務を弁済することが著しく困難であると認められる場合に受けたものについては、所得税基本通達36-17により各種所得の金額の計算上、収入金額又は総収入金額に算入しないものとして取り扱われてきましたが、この取扱いが平成26年度の税制改正で、法令上で明確化されたことから、本通達が削除され、次のようになりました。なお、廃止された債務免除益の特例通達及び新設された所得税法44条の2は、次のとおりです。

廃止（債務免除益の特例）旧所基通36-17
　債務免除益のうち、債務者が資力を喪失して債務を弁済することが著しく困難であると認められる場合に受けたものについては、各種所得の金額の計算上収入金額又は総収入金額に算入しないものとする。ただし、次に掲げる場合に該当するときは、それぞれ次に掲げる金額（次のいずれの場合にも該当するときは、その合計額）の部分については、この限りでない。
（1）当該免除を受けた年において当該債務を生じた業務（以下この項において「関連業務」という。）に係る各種所得の金額の計算上損失の金額（当該免除益がないものとして計算した場合の損失の金額をいう。）がある場合　当該損失の金額
（2）法第70条（（純損失の繰越控除））の規定により当該免除を受けた年において繰越控除 すべき純損失の金額（当該免除益を各種所得の金額の計算上収入金額又は総収入金額に算入するこ

ととした場合に当該免除を受けた年において繰越控除すべきこととなる純損失 の金額をいう。）がある場合で、当該純損失の金額のうちに関連業務に係る各種所得の金 額の計算上生じた損失の金額があるとき　当該繰越控除すべき金額のうち、当該損失の金額に達するまでの部分の金額

新設　所得税法

44条の2（免責許可の決定等により債務免除を受けた場合の経済的利益の総収入金額不算入

　居住者が、破産法（平成16年法律第75号）第252条第1項に規定する免責許可の決定又は再生計画認可の決定があった場合その他資力を喪失して債務を弁済することが著しく困難である場合にその有する債務の免除を受けたときは、当該免除により受ける経済的な利益の価額については、その者の各種所得の金額の計算上、総収入金額に算入しない。

2　前項の場合において、同項の債務の免除により受ける経済的な利益の価額のうち同項の居住者の次の各号に掲げる場合の区分に応じ当該各号に定める金額（第1号から第4号までに定める金額にあっては当該経済的な利益の価額がないものとして計算した金額とし、第5号に定める金額にあっては同項の規定の適用がないものとして総所得金額、退職所得金額及び山林所得金額を計算した場合における金額とする。）の合計額に相当する部分については、同項の規定は、適用しない。

　一　不動産所得を生ずべき業務に係る債務の免除を受けた場合　当該免除を受けた日の属する年分の不動産所得の金額の計算上生じた損失の金額

　二　事業所得を生ずべき事業に係る債務の免除を受けた場合　当該免除を受けた日の属する年分の事業所得の金額の計算上生じた損失の金額

　三　山林所得を生ずべき業務に係る債務の免除を受けた場合

当該免除を受けた日の属する年分の山林所得の金額の計算上生じた損失の金額

四　雑所得を生ずべき業務に係る債務の免除を受けた場合　当該免除を受けた日の属する年分の雑所得の金額の計算上生じた損失の金額

五　第70条第1項又は第2項（純損失の繰越控除）の規定により、当該債務の免除を受けた日の属する年分の総所得金額、退職所得金額又は山林所得金額の計算上控除する純損失の金額がある場合　当該控除する純損失の金額

3　第1項の規定は、確定申告書に同項の規定の適用を受ける旨、同項の規定により総収入金額に算入されない金額その他財務省令で定める事項の記載がある場合に限り、適用する。

4　税務署長は、確定申告書の提出がなかつた場合又は前項の記載がない確定申告書の提出があった場合においても、その提出がなかったこと又はその記載がなかったことについてやむを得ない事情があると認めるときは、第1項の規定を適用することができる。

（2）組合の理事長が受けた債務免除益が賞与になるか争われた判決

　青果荷受組合の理事長が受けた債務免除益が賞与とされた事件として、次のような判決があります。

(事案の概要)

　本件は、原告が、乙に対し、借入金債務の免除をしたところ、倉敷税務署長から、上記債務免除に係る経済的利益が乙に対する賞与に該当するとして、給与所得に係る源泉所得税の納税告知処分及び不納付加算税の賦課決定処分を受けたため、上記債務免除益には（旧）所得税基本通達36-17本文の適用があり、これを

給与等の金額に算入することはできず、仮に上記通達の適用がないのであれば、上記債務免除は錯誤により無効であるから、いずれにしても源泉徴収義務はないなどと主張して、上記各処分の取消しを求めた事案です。

　この事案は、一審、二審では、組合に債務免除益に対して源泉徴収義務は生じないと判断しましたが、最高裁判所からの審理差し戻しを受けた広島高等裁判所では以下の判断をしました。この裁判の経過は次のとおりです。

争点のポイント

- ☑本件の債務免除益が給与等に該当するかどうか。
- ☑上記に該当する場合、収入金額に算入すべきであるかどうか、また、資力を喪失して債務を弁済することが著しく困難であると認められる場合に、（旧）所得税基本通達36-17を適用すべきかどうか。

① 　平成23年12月20日裁決要旨（広島　裁決番号平23009）

　債務免除益は、所得税法第36条第1項括弧書に規定する「その他経済的な利益」に該当するから、各種所得の金額の計算上収入金額とすべき金額又は総収入金額に算入すべき金額となるところ、債務免除益に関して、（旧）所得税基本通達36-17は、その本文において、債務免除益のうち、債務者が各種所得の金額の計算上収入金額又は総収入金額に算入しないものとする旨定めている。
　上記通達の定めは、支払能力のない債務者が債務の弁済を免れてもそのことによって担税力のある所得を得たものとみるのは必ずしも実情に即したものではないことから、収入金額に算入しな

い取扱いとすることによって積極的に課税することを避ける趣旨で定められたものであり、当審判所においても相当と認められる。

そして、上記通達に定める「債務者が資力を喪失して債務を弁済することが著しく困難であると認められる場合」とは、上記趣旨から、債務者が、単に債務超過の状態にあるだけでは足りず、債務超過の状態が著しく、その者の信用、才能等を活用しても、現にその債務を弁済するための資金を調達することができないのみならず、近い将来においても調達できず、支払能力のないものと認められる場合をいうと解される。

また、上記通達は、所得税法第36条第1項に規定する各種所得の金額の計算上収入金額又は総収入金額に算入すべき金額について定めたものであり、10種類に類別される所得のうち特定のものについて又は特定のものを除外して定められたものとは解されないから、給与所得に係る源泉所得税についても適用されるものであり、上記通達の定める取扱いにより、各種所得の金額の計算上収入金額又は総収入金額に算入しない債務免除益は、その支払の際も、給与所得の金額の計算上収入金額に算入されず、その支払者に源泉徴収義務は生じないものと解するのが相当である。

所得税法第28条第1項に規定する給与所得とは、俸給、給与、賃金、歳費及び賞与並びにこれらの性質を有する給与に係る所得をいい、雇用契約又はこれに類する関係において、非独立的労働ないし従属的労働の対価として他人から受ける報酬及び実質的にこれに準ずる給付に係る所得であると解されるが、法人又は社団（以下「法人等」という。）の役員は、当該法人等と委任関係にあり、その委任事務処理に関して善管注意義務を負い、役員としての空間的、時間的拘束を受け、継続的ないし断続的な労務又は役務に従事するものであることに照らせば、法人等の役員が当該法人等から一定の利益を受けた場合、その利益の享受が役員の立場を離れて全く無関係になされるという特段の事情がない限り、役員としての地位、労務又は役務に対する広義の対価としてなされ

たものとみるのが自然であるから、これを給与（賞与）所得とみるのが相当である。

（注）下線は筆者が加筆

② 平成25年3月27日 岡山地裁要旨 （Z 263-12184）

　　債権者から債務免除を受けた場合、原則として、所得税法36条1項にいう「経済的な利益」を受けたことになり、免除の内容等に応じて事業所得その他の各種所得の収入金額となるものであるが、例えば、事業所得者が、経営不振による著しい債務超過の状態となり、経営破綻に陥っている状況で、債権者が債務免除をしたなどという場合には、債務者は、実態としては、支払能力のない債務の弁済を免れただけであるから、当該債務免除益のうちその年分の事業損失の額を上回る部分については、担税力のある所得を得たものとみるのは必ずしも実情に即さず、このような債務免除額に対して原則どおり収入金額として課税しても、徴収不能となることは明らかで、いたずらに滞納残高のみが増加し、また、滞納処分の停止を招くだけであり、他方、上記のような事情がある明らかに担税力のない者について課税を行わないこととしても、課税上の不公平が問題となることはなく、むしろ、課税を強行することについて一般の理解は得られないものと考えられることから、このような無意味な課税を差し控え、積極的な課税をしないこととしたものである。
　　本件通達の定めにおいて用いられている「資力を喪失して債務を弁済するとが著しく困難」であるとの文言は、所得税法9条1項10号及び所得税法施行令26条の各規定において用いられている文言と同じであり、これらの各規定における当該文言の意義については、所得税基本通達9－12の2において、「債務者の債務超過の状態が著しく、その者の信用、才能等を活用しても、現にその債務の全部を弁済するための資金を調達することができ

ないのみならず、近い将来においても調達することができないと認められる」場合をいうとされているから、本件通達の定めにおいても、当該文言が上記と同じ意義を有するものとして用いられているものと解される。

　すなわち、本件通達は、上記のような場合に受けた債務免除益への非課税を規定したものと解されるのであり、このような規定の内容及び上記認定のとおりのその趣旨からすれば、本件通達による上記非課税の取扱いは、所得税法等の実定法令に反するものとはいえず、相応の合理性を有するものということができる。

　そして、もとより本件通達が法令そのものではなく、これによらない取扱いが直ちに違法となるものではないとしても、本件通達が相応の合理性を有する一般的な取扱いの基準として定められ、広く周知されているものである以上は、課税庁においてこれを恣意的に運用することは許されないのであって、本件通達の適用要件に該当する事案に対して合理的な理由もなくその適用をしないとすることは、平等取扱いの原則に反し、違法となるというべきである。

　なお、本件通達は、上記のような場合に受けた債務免除益については、「各種所得の金額の計算上収入金額又は総収入金額に算入しないものとする」とのみ定めているが、この定めは、給与所得に係る源泉所得税額の計算上給与等の金額に算入しないとする趣旨も含むものと解される。

　以上の事実に鑑みれば、本件債務免除益にも、本件通達の適用があるものと認めるのが相当である。なお、被告は、本件債務免除の実質が、原告を実質的に支配していた乙理事長において原告に本件債務免除を強いたというものであることを理由に、本件債務免除益が本件通達の要件に該当しないと主張する。

　しかしながら、被告の主張は、本件債務免除益が「債務者が資力を喪失して債務を弁済することが著しく困難である場合に受けたもの」に該当するか否かとは異なる視点からの主張であり、本件通達の要件該当性を判断する上で、意味のある主張とはいえな

いから、失当である。

　また、担税力のない者に課税することで将来生じ得る行政上の不必要なコストを回避するという前記のような本件通達の趣旨は、本件においても当てはまることが明らかであるから、上記のような理由が本件通達を適用しないことの合理的な理由になるともいえない。

　したがって、仮に本件債務免除益が給与等に該当するとしても、本件債務免除益に本件通達を適用せず、源泉所得税額の計算上これを給与等の金額に算入すべきものとしてされた本件各処分は、本件通達を適用しなかったことについての合理的な理由が示されていない以上、平等取扱いの原則に反し違法であるというほかなく、取り消されるべきである。

（注）下線は筆者が加筆

　「理事長の資産や負債等からみて、近い将来債務全額を弁済可能と認められない。仮に、本件債務免除益が給与等に該当するとしても、収入金額に算入すべきでなく、組合に源泉徴収義務は生じない。」と裁判所では判断しました。なお、争点①の判断はしていません。

③　平成26年1月30日　広島高裁要旨（Z 264-12402）

　　債務免除が役員の役務の対価とみることは相当ではなく、給与等に該当するということはできないから、本件債務免除益について被控訴人に源泉徴収義務はないとして控訴棄却された。

　前提となる事実等及び上記認定事実によれば、乙理事長は、長年被控訴人の理事長を務めていた者であり、乙理事長は、有価証券取引等の資金を被控訴人から借り入れてきたが、バブル崩壊後、借入金の返済に窮し、被控訴人に対し、平成2年以降、債

務免除及び利息の減免を希望していたところ、被控訴人は、債務免除をせず、源泉徴収しないことを倉敷税務署に確認の上利息を減免し、毎月500万円ずつ利息の支払を受けていたこと、平成19年8月6日、乙理事長の課税処分に対する異議決定において、平成17年の債務免除益について、乙理事長に資力がなく債務の弁済が著しく困難であると判断され、本件通達が適用され、平成17年以降も乙理事長の資産の増加がなかったことから、被控訴人の理事会においても、乙理事長に資力を喪失し弁済が著しく困難であると判断し、本件各不動産の売却代金を借入金債務と相殺した後に残存する本件債務を免除した（本件債務免除）ことが認められる。

　この点について、甲は、本件債務免除の理由として、乙理事長の資力がないことと乙理事長の被控訴人に対する貢献と述べているが、被控訴人の乙理事長に対する貸付金が長年利息の減免を受け、利息が細々と返済されているものの、元本返済の目処も立たない不良債権であったところ、平成19年8月6日の乙理事長の課税処分に対する異議決定において、平成17年の債務免除益につき本件通達が適用された後、乙理事長の資産の増加がなかった状況下で、本件債務免除がなされたという事実経過からすると、本件債務免除の主たる理由は乙理事長の資力喪失により弁済が著しく困難であることが明らかになったためであると認めるのが相当であり、債務者が乙理事長（役員）であったことが理由であったと認めることができない。

　したがって、本件債務免除は、役員の役務の対価とみることは相当ではなく、「給与等」に該当するということはできないから、本件債務免除益について、被控訴人に源泉徴収義務はないというべきである。

（注）下線は筆者が加筆

　裁判所では、「本件債務免除の理由は理事長の資力喪失であり、本件債務免除を役員としての役務対価とみることはでき

ず、給与等に該当しない。そのため、組合に源泉徴収義務は生じない。」と判断しています。なお、争点②は判断をしていません。

④　平成27年10月8日　最高裁要旨（Z 265-12733）
　　原審の判断には、判決差に及ぼす明らかな法令の違反があるとして、差し戻しとされた。

　所得税法28条1項にいう給与所得は、自己の計算又は危険において独立して行われる業務等から生ずるものではなく、雇用契約又はこれに類する原因に基づき提供した労務又は役務の対価として受ける給付をいうものと解される〔最高裁昭和52年（行ツ）12号同56年4月24日第二小法廷判決・民集35巻3号672頁、最高裁平成16年（行ヒ）第141号同17年1月25日第三小法廷判決・民集59巻1号64頁参照〕。

　そして、同項にいう賞与又は賞与の性質を有する給与とは、上記の給付のうち功労への報償等の観点をも考慮して臨時的に付与される給付であって、その給付には金銭のみならず金銭以外の物や経済的な利益も含まれると解される。

　前記事実関係によれば、乙は、被上告人から長年にわたり多額の金員を繰り返し借り入れ、これを有価証券の取引に充てるなどしていたところ、被上告人が乙に対してこのように多額の金員の貸付けを繰り返し行ったのは、同人が被上告人の理事長及び専務理事の地位にある者としてその職務を行っていたことによるものとみるのが相当であり、被上告人が乙の申入れを受けて本件債務免除に応ずるに当たっては、被上告人に対する乙の理事長及び専務理事としての貢献についての評価が考慮されたことがうかがわれる。これらの事情に鑑みると、本件債務免除益は、乙が自己の計算又は危険において独立して行った業務等により生じたものではなく、同人が被上告人に対し雇用契約に類する原因に基づき提

供した役務の対価として、被上告人から功労への報償等の観点を
も考慮して臨時的に付与された給付とみるのが相当である。

　したがって、本件債務免除益は、所得税法２８条１項にいう賞
与又は賞与の性質を有する給与に該当するものというべきであ
る。

（注）下線は筆者が加筆

　「本件債務免除益は雇用契約に類する原因に基づき提供した
役務対価として、功労への報償等の観点も考慮した給付とみる
のが相当。本件債務免除益は給与等に該当する。」と判示し、
争点②の審理のため広島高裁に差戻しました。

⑤　平成 29 年 2 月 8 日　広島高裁（Z 888-2087）

　債務者は、債権者から債務免除を受けた場合、原則として、所
得税法 36 条 1 項にいう「経済的な利益」を受けたことになり、
免除の内容等に応じて当該債務者の事業所得その他の各種所得の
収入金額となるものであるが、例えば、事業所得者が、経営不振
による著しい債務超過の状態となり、経営破綻に陥っている状況
で、債権者が債務免除をしたなどという場合には、債務者は、実
態としては、支払能力のない債務の弁済を免れただけであるから、
当該債務免除益のうちその年分の事業損失の額を上回る部分につ
いては、担税力のある所得を得たものとみるのは必ずしも実情に
即さず、このような債務免除額に対して原則どおり収入金額とし
て課税しても、徴収不能となることは明らかで、いたずらに滞納
残高のみが増加し、また、滞納処分の停止を招くだけであり、他
方、上記のような事情がある明らかに担税力のない者について課
税を行わないこととしても、課税上の不公平が問題になることは
なく、むしろ、課税を強行することについて一般の理解は得られ
ないものと考えられる。

こうしたことから、本件旧通達は、かかる無意味な課税を差し控え、積極的な課税をしないこととしている。

本件旧通達の定める「資力を喪失して債務を弁済することが著しく困難」とは、所得税法9条1項10号及び所得税法施行令26条の各規定において用いられている文言と同じであり、これらの各規定における当該文言の意義については、所得税基本通達9-12の2において、「債務者の債務超過の状態が著しく、その者の信用、才能等を活用しても、現にその債務の全部を弁済するための資金を調達することができないのみならず、近い将来においても調達することができないと認められる場合をいい、これに該当するかどうかは、これらの規定に規定する資産を譲渡した時の現況により判定する」と定めているから、本件旧通達の上記定めも、同じ意義を有するものとして用いられていると解される。

また、これは、破産手続開始の原因となる「支払不能」（破産法15条1項）又は民事再生手続開始の条件となる「破産手続開始の原因となる事実の生ずるおそれがあるとき」（民事再生法21条1項）と同様の状態にある者をいうと解される。ここでいう支払不能とは、債務者が支払能力を欠くために、その債務のうち弁済期にあるものにつき、一般的かつ継続的に弁済することができない状態をいう（破産法2条1項11号参照）。

なお、本件旧通達は、上記のような場合に受けた債務免除益については、「各種所得の金額の計算上収入金額又は総収入金額に算入しないものとする」とのみ定めているが、この定めは、給与所得に係る源泉所得税額の計算上給与等の金額に算入しないとする趣旨も含むものと解される。（以下、略）

本件債務免除当時（直前）の負債が52億7722万9692円（本件債務を除き4億4040万8457円）、資産が17億2519万9510円と認められるのであり、これによると、資産よりも負債が3倍以上と大幅に上回っており、乙が資力を喪失して本件債務全額を弁済することが著しく困難であったと認めることができるものの、本件債務免除により、乙は資産が負債を大幅に上

回る状態になる。よって、本件債務免除に係る48億3682万1235円の全額を債務免除益として源泉所得税額の計算上給与等に算入した本件各処分は、適法とは認められない。（以下、略）

本件債務免除をした後、乙は資産が負債を大幅に上回る状態になることが認められるのであり、その上回った部分である12億8479万1053円〔17億2519万9510円（乙の資産）－4億4040万8457円（本件債務を除く乙の債務）〕は、本件債務免除によって乙の担税力を増加させるものであり、乙の利得に当たることが認められるから、所得税法36条1項の「経済的な利益」に該当することが認められ、この部分については、債務を弁済することが著しく困難であるとはいえないことになる。（以下、略）

本件債務免除益は、乙の給与等に該当し、これは定期に支払われるものではなく臨時的なものであるから、賞与となる。

源泉徴収制度の下においても、源泉徴収義務者が自主的に法定納期限までに源泉所得税を納付する点では申告納税方式と異なるところはなく、かえって、源泉徴収制度は他の租税債権債務関係よりも早期の安定が予定された制度といえることからすれば、法定納期限経過後の錯誤無効の主張は許されないと解すべきである。

（注）下線は筆者が加筆

この判決により、会社と役員における債務免除が、その会社の役員という地位に基因して会社が債務免除したとみられ、それが役員の役務の対価とされるような場合には、その債務免除益は給与等に該当し、源泉徴収義務が生じる可能性もありますので十分な注意が必要となります。

2 役員退職金と相殺する

> **役員退職金による場合のポイント**
> ☑ 通常、生前退職金を受領する場合は、退職金控除と2分の1
> 課税方式による低額な税金負担により多額の退職金を手に入れ
> ることができます。これに対し、死亡退職金の場合は相続人の
> 数に応じた控除額があります。オーナー死亡後の相続税の負担
> も考慮して、どちらを採用するか、十分に比較検討する必要が
> あります。
> ☑ 相続税法に規定する弔慰金の規定は有効に活用することを考え
> ます。

(1) 生前退職慰労金の場合

　オーナー貸付金が多額に累積したときに、役員退職金と相殺することにより、貸付金の返済をする方法が考えられます。

　つまり、法人が各事業年度においてその退職した役員に対して支給した退職給与の額が、その役員のその内国法人の業務に従事した期間、その退職の事情、その内国法人と同種の事業を営む法人でその事業規模が類似するものの役員に対する退職給与の支給の状況等に照らし、その退職した役員に対する退職給与として相当であると認められる金額を超える場合におけるその超える部分の金額は損金算入できませんが、相当な金額であれば損金算入することが認められています（法法34②、法令70二）。

　なお、役員退職慰労金の支給に関しては、取締役会設置会社の場合、次のような規程の整備及び株主総会・取締役会議事録の作成が必要となります。ただし、このひな型として記載した

147

役員退職慰労金規程第3条の功績倍率は、仮定の数値です。この功績倍率に関しては、以下で説明するように、十分な検討が必要です。

役員退職慰労金規程

第1条（総則）

　　本規程は、退職した取締役または監査役（以下、役員という）の退職慰労金について定める。

第2条（退職慰労金額の決定）

　　退職した役員に支給すべき退職慰労金は、次の各号のうち、いずれかの額の範囲内とする。

　1　本規程に基づき、取締役会が決定し、株主総会において承認された額。

　2　本規程に基づき、計算すべき旨の株主総会の決議に従い、取締役会で決定された額。

第3条（退職慰労金の額の算出）

　　役員の退職慰労金の額は次の算式によって得た範囲内とする。

　1　退職慰労金の額＝退任時の報酬月額 × 役員在任年数 × 功績倍率

　2　各役位別の功績倍率は次の通りとする（この役位係数は、仮の数値）。

会長	2.8
社長	3.0
副社長	2.8
専務	2.6
常務	2.3
取締役（常　勤）	2.0
取締役（非常勤）	1.5

取締役（使用人兼務）	1.5	
監査役（常　勤）	2.0	
監査役（非常勤）	1.5	

但し、役位に変更ある場合には、役員在任中の最高位をもって最終役位とする。

また、役位の変更等によって、報酬月額に減額が生じた場合も、退任時の報酬月額は

役員在任中の最高報酬月額を基準にすることができる。

第4条（役員報酬）

役員報酬とは、名目のいかんを問わず、毎月定まって支給されるものの総額をいう。

第5条（役員在任年数）

役員在任年数は、1ヵ年を単位とする。但し、1ヵ年未満は1ヵ年に切り上げる。

第6条（非常勤期間）

役員の非常勤期間については、原則として、退職慰労金算出の際の役員在任年数から除く。

但し、特別の場合は、取締役会で定める。

第7条（功労加算金）

取締役会は、特に功績顕著と認められる役員に対しては、第3条により算出した金額にその30％を超えない範囲で加算することができる。なお、監査役が功労加算金の対象となる場合は、監査役の同意を要する。

第8条（特別減額）

取締役会は、退職役員のうち、在任中特に重大な損害を会社に与えたものに対し、第3条により算出した金額を減額、又は支給しないことができる。

第9条（弔慰金）

任期中に死亡した時は、次の金額を弔慰金として別途支給する。

［業務上の死亡の場合］・・・死亡時の報酬月額×36ヵ月分

［その他の死亡の場合］・・・死亡時の報酬月額 × 6ヵ月分

第10条（支給時期及び方法）

　　退職慰労金の支給時期は、株主総会で承認、又は株主総会直後の取締役会で決定後3ヵ月以内とする。

　　但し、経済界の景況、会社の業績いかん等により、当該役員又はその遺族と協議の上、支給の時期、回数、方法について別に定めることがある。

第11条（死亡役員に対する退職金）

　　死亡した役員に対する退職慰労金は遺族に支給する。遺族とは、配偶者を第1順位とし、配偶者のない場合には、子、父母、孫、祖父母、兄弟姉妹の順位とする。

　　なお、該当者が複数いるときは代表者に対して支給するものとする。

第12条（規程の改正）

　　この規程は、取締役会の決議及び監査役の協議を経て臨時株主総会の承認を得て随時改正することができる。

　　但し、株主総会において決議を得た特定の退任役員に対して支給する退職慰労金は、その決議当時の規程による。

付則

　　本規程は、平成　　年　　月　　日より実施する。

株主総会議事録

平成○○年○○月○○日○○時○○分より本店において、株主総会を開催した。

　　株主の総数　　　　　　　　　　　　　　　　○名

　　発行済株式総数　　　　　　　　　　　　　　○株

　　議決権を行使できる株主の総数　　　　　　　○名

　　議決権を行使することができる株主が有する議決権の総数 ○個

　　議決権を行使することができる出席株主数（委任状によるも

のを含む）   ○名
この議決権の総数   ○個

　以上の通り株主の出席があったので、定款の規定により代表取締役○○○○は議長となり、株主総会は適法に成立したので、開会をする旨を宣し、直ちに議事に入った。

第○号議案　役員退職慰労金支給の件

　議長は、先日当会社の役員を退任した取締役○○○○の勤務中の功労に報いるため、役員退職慰労金を支給したい旨、並びに、その支払金額、支払時期、支払方法等は当社の役員退職慰労金規定に従い、取締役会に一任していただきたい旨を述べた。

　議長がこれを議場に諮ったところ、満場一致をもって原案どおり承認可決した。

　議長は以上をもって本日の議事を終了した旨を述べ、○○時○○分閉会した。

　以上の決議を明確にするため、この議事録を作り議長及び出席取締役がこれに記名押印する。

　　　　平成○○年○○月○○日

　　　　株式会社○○○○　　　　株主総会

　　　　　　　　　　　　　議長代表取締役　　○○○○㊞
　　　　　　　　　　　　　出席取締役　　　　○○○○㊞
　　　　　　　　　　　　　出席取締役　　　　○○○○㊞

（注）会社から取締役に対し退職慰労金を支給する場合、定款に支給金額
　　等の定めがない限り、株主総会の決議が必要となります。しかし、通常、

定款に定めがあることは実務上あまり多くないため、このように株主総会決議が必要となります（会社 361 ①）。

　実務上は、この株主総会議事録のひな型のように、株主総会では具体的な金額や支給方法等については定めずに、具体的な金額等については、次のように取締役会に一任するのが通例です。

取締役会議事録

　平成○○年○○月○○日○○時○○分より本店において、取締役会を開催した。

　取締役総数　　　○名
　出席取締役数　　○名

　以上の通り取締役の出席があったので、定款の規定により代表取締役○○○○は議長となり、取締役会は適法に成立したので、開会をする旨を宣し、直ちに議事に入った。

第○号議案　役員退職慰労金支給の件

　議長は、本日開催の株主総会において取締役会決議に一任された、退任取締役○○○○氏への退職慰労金について、次のように決定したい旨を述べ、議場に賛否を諮ったところ、本議案は満場一致をもって承認可決した。

　支払金額　○○○○円、支払時期　平成○○年○○月○○日まで、支給方法　○○

　議長は以上をもって本日の議事を終了した旨を述べ、○○時○○分閉会した。
　以上の決議を明確にするため、この議事録を作り議長及び出席

152

取締役がこれに記名押印する。

平成○○年○○月○○日
株式会社○○○○　取締役会

議長代表取締役　　○○○○㊞
出席取締役　　　　○○○○㊞
出席取締役　　　　○○○○㊞

　退職所得は個人の所得税・住民税の負担が低く、例えば、勤続30年の場合であれば、支給された退職金については1,500万円を退職所得控除額として控除することができ、さらにその控除後の金額の2分の1について課税されることから、税務上かなり有利な取り扱いとなっています（所法30）。

　この課税対象となる退職所得金額は以下の式で計算されます。

退職所得金額＝(退職金の収入金額－退職所得控除額)×$\dfrac{1}{2}$

　※退職所得控除額

　　20年以下：40万円×勤続年数

　　20　年　超：70万円×（勤続年数－20年）＋800万円

　なお、特定役員退職手当等の場合には、退職所得の金額は次のように計算します。

退職所得金額＝特定役員退職手当等の収入金額－退職所得控除額

　この場合の、「特定役員退職手当等」とは、退職手当等のうち、次に掲げる役員としての役員等勤続年数が5年以下である者が支払いを受ける退職手当等をいいます（所法30④）。

153

① 法人税法2条15号に規定する役員（法人の取締役、執行役、会計参与、監査役、理事、監事及び清算人並びにこれら以外の者で法人の経営に従事している一定の者）

② 国会議員及び地方公共団体の議会の議員

③ 国家公務員及び地方公務員

その支払を受ける役員退職金が、不相当高額かどうかの判断基準として、裁判で多く採用され、また、実務上も一般的に採用されている計算方法として、次の算式による功績倍率方式があります。

役員退職慰労金の適正額＝退職直前の役員給与の月額金額×勤続年数×功績倍率

この功績倍率については、原則的には類似法人の平均値とされますが、納税者側では同業類似法人の支給状況を把握するのは困難であり、次に掲げるように、最新の判例では、代表者の場合の功績倍率について、一つは3.0倍、もう一つは2.3倍が妥当と判断されており、過去にもいくつもの判例があり、十分な検討が必要となります。

東京地裁　平成28年4月22日　残波事件（Z888-1993）

　本件において、■■■の職務の内容等を検討すると、前提事実及び証拠によれば、■■は、昭和40年に高等学校を卒業すると同時に、原告の前身である■■■■■で働くようになり、■■■■■に原告が設立された際に専務取締役に、平成6年に代表取締役に就任しているところ、■■■■で働き始めて以来、幅広い層に楽しまれる泡盛の開発を続け、それに成功するなどし、平成21年6月に代表取締役を退任するまで代表取締役を務め続けたこと、原告が、平成8年以降、売上高や経常利益を大きく伸ばすなどの成長をしたことが認められるところであり、これらの事情

によれば、■■■告の経営に貢献したものと評価することができる。

上記のとおり、本件においては、代表取締役に対する役員給与の最高額について、比較法人４法人のうち上位１法人と下位２法人との間に大きな乖離がみられ、しかも、その平均額についても各比較法人の代表取締役に対する役員給与の最高額との間に大きな乖離がみられるという状況であるところ、上記のような■■■の原告における従前の職務の内容等に照らすと、原告の経営や成長等に対する相応の貢献があったというべきであって、その職務の内容等が代表取締役として相応のものであるとはいえない特段の事情があるとは認められないから、■■■の代表取締役としての役員給与のうち、上記の平均額を超える部分が、不相当に高額な部分の金額であるとすることはできない。

そして、上記のとおり、比較法人の代表取締役に対する給与について、不相当に高額な部分の金額があるとはいえない本件においては、■■■の役員給与が上記の最高額を超えない限りは、不相当に高額な部分の金額があるとはいえないと解すべきである。

この点に関し、被告は、原告の代表取締役に対する適正給与の額は、各比較法人がそれぞれ支払う代表取締役の役員給与のうちの最高額の平均額を超えるものではなく、比較法人として抽出されたものから、適切な理由もなく除外するのは許されないと主張するが、本件で抽出された比較法人の代表取締役の役員給与の分布状況等や、■■の原告における職務の内容に照らして、上記のとおり、最高額を超えない限りは、不相当に高額な部分の金額があるとはいえないと判断をしたものであるから、被告の主張は採用することができない。

以上に従い、■■■に対する退職給与に不相当に高額な部分の金額があるか否かを検討すると、比較法人の代表取締役に対する給与の最高額である年額■■■■■■■■を 12 か月で除した給与月額■■■■■■に業務への従事期間 24 年と、功績倍率倍を乗じた■■■■■を超えない限りは不相当に高額な部分の金額が

あるとはいえないというべきところ、原告が■■■に対して支給
した本件退職給与は、前提事実のとおり、■■■■■■■■であ
るから、不相当に高額な部分の金額があるとはいえないこととな
る。

（注）下線は筆者が加筆

　この残波事件において、役員退職慰労金の適正額の算定につ
いては、裁判所は比較法人の代表取締役に対する給与の平均額
でなく、給与の最高額を採用して算出して判断をしているとこ
ろには注目する必要があります。

大分地裁　平成21年2月26日（Z259-11147）
　これを本件について検討するに、乙は、個人で運送業を始めた
数年後に原告を設立した創業者であり、昭和43年から平成14
年の死亡退職に至るまでの間、代表取締役を務めて原告における
営業活動を一手に引き受けていたこと、原告の利益率は同業種・
類似規模の法人の中では突出して高く（別紙別表1によれば、売
上総利益率は12比較法人の平均の2倍以上である。）、乙の退職
前10年くらいの間は原告に毎年平均して4500万円程度の所
得を計上させるなど、原告を収益性の高い法人に発展させたこと、
平成13年ころから大口取引先との取引終了により原告の売上高
は減少し、平成14年3月期には経常利益で赤字を計上するもの
の、リストラや不動産業による安定収入の確保等により翌期には
経常利益等を回復させたことが認められ、以上によれば、創業者
として好業績の法人である原告を維持発展させた乙の功績は極め
て大きいものといえるところ、このような事情は、創業者である
こと等を比較法人の抽出条件とはしない平均功績倍率の算出過程
では考慮されるものではないが、役員退職給与額に相当の影響を
及ぼし得る事情と考えられる。
　また、処分行政庁においては、2法人のみを比較法人として平

均功績倍率を 3.094 と算出し、原告の採用していた功績倍率 3.5 を近似値として相当としているところ、2 法人甲及び乙）を抽出する過程で、欠損が多額であった 1 法人（同己）及び功績倍率のあまりの低さから本来あるはずの退職給与が支給されていないと思われる 3 法人（同丙、丁、戊）を除外したことについては、上記のような原告と他の同業種・類似規模の法人との業績の差異及び乙の創業者としての功績を踏まえれば、その判断に相応の合理性があるものといえる。

　以上の点に加え、前記の諸事情も合わせ考慮すれば、3.5 を超えない範囲の功績倍率による役員退職給与については、直ちに不相当と評価することはできないものというべきであり、他に上記範囲の功績倍率による役員退職給与が不相当と評価すべき事情を認めることはできない。

　一方で、功績倍率のうち 3.5 を超える部分に係る役員退職給与については、比較法人の平均功績倍率 2.3 を大きく超えていること、比較法人の功績倍率の分布状況を見ても、5 社中 4 社は功績倍率が 3.0 未満にとどまっており、最高値である 4.0 はそれら 4 社と比べて突出して高いことなどからすると、原告及び乙に特有の上記事情を考慮してもなお、不相当に高額といわざるを得ない。

　なお、役員退職給与が過大かどうかについて、次のように「平均功績倍率法」、「最高功績倍率法」、「1 年当たり平均額法」の 3 つの算定方式が示された判決もあります。

東京高裁　平成 25 年 7 月 18 日（Z263-12261）
事案の概要
1　本件は、控訴人が、平成 16 年 12 月 1 日から平成 17 年 11 月 30 日までの事業年度（以下「本件事業年度」という。）の法人税につき、控訴人の元代表取締役で本件事業年度中に控訴人を死亡退職した乙（以下「亡乙」という。）に支給した役

員退職給与（ただし、弔慰金を除く。以下「本件役員退職給与」という。）の額を損金の額に算入して確定申告をしたところ、飯田税務署長から、本件役員退職給与のうち不相当に高額な部分の金額については損金の額に算入されないとして、本件事業年度の法人税に係る更正処分（以下「本件更正処分」という。）及び過少申告加算税の賦課決定処分（以下「本件賦課決定処分」といい、本件更正処分と併せて「本件更正処分等」という。）を受けたことから、控訴人が、亡乙に支給した本件役員退職給与の額は相当であるとして、本件更正処分等の取消しを求めた事案である。

　原判決は、控訴人の請求を棄却したので、控訴人がこれを不服として控訴をした。

2　関係法令の定め、争いのない事実等、本件の争点及びこれに関する当事者の主張は、原判決の「事実及び理由」欄の「第2　事案の概要」の1ないし4（原判決2頁21行目から20頁5行目まで）のとおりであるから、これを引用する。

当裁判所の判断

1　当裁判所も、控訴人の請求は棄却すべきものと判断する。その理由は、原判決の「事実及び理由」欄の「第3　当裁判所の判断」（原判決20頁6行目から37頁17行目まで）のとおりであるから、これを引用する。

　なお、控訴人は、同業類似法人における役員退職給与の支給状況と比較するための方法として、平均功績倍率法、最高功績倍率法及び1年当たり平均額法があるけれども、これらの間に一般的抽象的な優劣関係はなく、いずれも合理的な算定方法であるから、その中でも納税者に有利な最高功績倍率法によるべきであり、また、被控訴人が本件同業類似法人を抽出するために用いた抽出基準は不合理であるから、本件TKCデータを使用して抽出された本件TKCデータ同業類似法人の最高功績倍率である3.0倍を基礎とし、さらに、亡乙には功労加算すべき特別の事情があるので、30％の功労加算をすべきであり、

過少申告加算税に関しても、通則法 65 条 4 項に規定する「正当な理由があると認められるものがある場合」に当たる旨主張する。

しかしながら、最終月額報酬、勤続年数及び平均功績倍率を用いて役員退職給与の適正額を算定する平均功績倍率法は、その同業類似法人の抽出が合理的に行われる限り、法 36 条及び施行令 72 条の趣旨に最も合致する合理的な方法であって、同業類似法人の抽出基準が必ずしも十分ではない場合、あるいは、その抽出件数が僅少であり、かつ、当該法人と最高功績倍率を示す同業類似法人とが極めて類似していると認められる場合など、平均功績倍率法によるのが不相当である特段の事情がある場合に限って最高功績倍率法を適用すべきところ、本件では抽出基準が必ずしも十分ではないとはいえないし、本件同業類似法人のうち最高功績倍率を示す法人（原判決別表 2 及び 5 の順号 2）と控訴人とが極めて類似していると認めるに足りる事情があるとは認められないことからすれば、最高功績倍率法を用いるべき場合に当たるとはいえない。

また、被控訴人が本件同業類似法人を抽出する際の抽出基準とした抽出対象地域、基幹の事業、調査対象事業年度及び調査対象事業年度における売上金額はいずれも合理的であり、亡乙に功労加算すべき特殊事情があるとは認められない。

そして、本件賦課決定処分について、真に控訴人の責めに帰することのできない客観的な事情があり、過少申告加算税の趣旨に照らしてもなお過少申告加算税を賦課することが不当又は酷になる場合であるとは認められないので、通則法 65 条 4 項に規定する「正当な理由があると認められるものがある場合」にも当たらない。したがって、控訴人の主張は、いずれも採用することができない。

役員退職給与の適正額の算定方法として、次の 3 つの方法があります。

① 平均功績倍率法

退職役員に退職給与を支給した当該法人と同種の事業を営み、かつ、その事業規模が類似する法人（以下「同業類似法人」という。）の役員退職給与の支給事例における功績倍率（同業類似法人の役員退職給与の額を、その退職役員の最終月額報酬に勤続年数を乗じた額で除して得た倍率をいう。）の平均値（以下「平均功績倍率」という。）に、当該退職役員の最終月額報酬及び勤続年数を乗じて算定する方法です。

② 1年当たり平均額法

同業類似法人の役員退職給与の支給事例における役員退職給与の額を、その退職役員の勤続年数で除して得た額の平均額に、当該退職役員の勤続年数を乗じて算定する方法です。

③ 最高功績倍率法

同業類似法人の役員退職給与の支給事例における功績倍率の最高値に、当該退職役員の最終月額報酬及び勤続年数を乗じて算定する方法です（東京地裁　平成25年3月22日Z263-12173）。

なお、その役員が退職直前に月額報酬が減額されているような場合、あるいは、無報酬であるようにその職務内容に比して退職時の月額報酬が適正でない場合には、上記の②の「1年当たり平均額法」を使用することとなると思われます。

平成29年度改正に伴う、「法人税基本通達等の一部改正について」では、平成29年度改正で行われた役員退職給与の見直しに伴い、いわゆる功績倍率法の定義が初めて次のように明文化されています。

160

法人税基本通達 9-2-27 の 2

　いわゆる功績倍率法に基づいて支給する退職給与は、法第 34 条第 5 項《業績連動給与》に規定する業績連動給与に該当しないのであるから、同条第 1 項《役員給与の損金不算入》の規定の適用はないことに留意する。

（注）本文の功績倍率法とは、役員の退職の直前に支給した給与の額を基礎として、役員の法人の業務に従事した期間及び役員の職責に応じた倍率を乗ずる方法により支給する金額が算定される方法をいう。

　なお、役員退職金の過大判定において、注目された平成 29 年 10 月 13 日の東京地裁の次の判決があります（Z 888-2145）。

　同業類似法人間における平均功績倍率は、同業類似法人の抽出が合理的に行われる限り、役員退職給与として相当であると認められる金額を算定するための合理的な指標となるものであるが、あくまでも同業類似法人間に通常存在する諸要素の差異やその個々の特殊性を捨象して平準化した平均的な値であるにすぎず、本来役員給与が当該退職役員の具体的な構成などに応じて支給されるべきものであることに鑑みると、平均功績倍率を少しでも超える功績倍率により算定された役員退職給与の額が直ちに不相当に高額な金額になると解することはあまりにも硬直的な考え方であり、実態に即した適正な課税を行うとする法人税法 34 条 2 項の趣旨に反することにもなりかねず、相当であるとはいえない。

　しかも、平均功績倍率を少しでも超える功績倍率により算定された役員退職給与の額が直ちに不相当に高額な金額になるとすると、例えば本件でも、支給事例とした 5 法人のうち 2 法人は平均功績倍率を上回る功績倍率となっていることから不相当に高額な金額の退職給与の支給をしていたということになりかねず、当該

支給事例が、役員退職給与の損金算入額が争いなく確定し、支給事例としての一定の適格性が担保されている同業類似法人であるという本件平均功績倍率の算出の前提と矛盾することになりかねない。

　さらに、法人税法34条2項および法人税法施行令70条各号の規定は、課税庁が課税処分を行う際の準則であるのみならず、納税者が法人税の申告をする際に従うべき準則でもあるところ、納税者は、法人税法施行令70条2号所定の考慮要素である「その内国法人と同種の事業を営む法人でその事業規模が類似するものの役員に対する退職給与の支給の状況」を考慮するに当たり、公刊物等を参酌することで上記の支給の状況を相当程度まで認識することが可能であるとは解されるものの、課税庁が行う通達回答方式のような厳密な調査は期待し得べくもないから、このような納税者側の一般的な認識可能性の程度にも十分に配慮する必要があり、役員退職給与として相当であると認められる金額は、事後的な税務署側の調査による平均功績倍率を適用した金額から相当程度の乖離を許容するものとして観念されるべきものと解される。

　このように考えると、少なくとも税務署側の調査による平均功績倍率の数にその半数を加えた数を超えない数の功績倍率により算定された役員退職給与の額は、当該法人における当該役員の具体的な功績等に照らしその額が明らかに過大であると解すべき特段の事情がある場合でない限り、同号にいう「その退職した役員に対する退職給与として相当であると認められる金額」を超えるものではないと解するのが相当であるというべきである。

（注）下線は筆者が加筆

　この判決では、平均功績倍率に半数を加えた1.5倍相当数に基づき算定した金額は、「退職給与として相当と認められる金額」を超えるものでないとして、その金額の損金算入を認めています。前例のない裁判所の判断です。しかし、その後の高

162

裁では、本件において特殊な事情があったとは認められないとして、平均功績倍率3.26と結論し、原審が示した1.5倍は排斥され、国側が逆転勝訴しています（平成30年4月25日判決）。

　この判決の中で、類似法人の役員給与額を確認的に使用するという方法が、納税者が具体的にどのようなもので算定するかに関しては、「財務省や国税庁がホームページ上で公表している『法人企業統計年報特集』、『民間給与実態統計調査』や税務関係の雑誌である『週刊税務通信』の掲載記事や、税務関係の書籍にも参考となる資料が数多く掲載されているし、東京商工リサーチのＴＳＲレポートのサンプルには、役員数や役員報酬の金額が記載されているのであって、これらの資料から、類似法人の一人当たりの平均役員給与額を算定することも可能である。」（東京地裁　平成28年4月22日　Ｚ888-1993）と納税者側で算出する方法が明らかにされています。

　生前退職慰労金を利用するこの方法は、多額に累積しているオーナーへの貸付金について、株主総会の決議を経て、役員退職給与を支給して、その支給された金額をもって貸付金を相殺して削減するものです。

　この方法によれば、個人に係る税負担をそれほどかけずに削減することができます。

（2）死亡退職慰労金の場合

　累積しているオーナーに対する貸付金を、オーナーの死亡に伴い会社からオーナーの遺族に対し支払われる死亡退職慰労金により、その貸付金を相殺することで、オーナーの相続人が返済する方法です。

この方法による場合、オーナーに係る相続税の申告においては、会社に対する借入金は債務として控除の対象（相法 13）となりますが、債務の存在を金銭消費貸借契約書や会社の総勘定元帳等により証明する必要があります。

なお、オーナーの相続人は、会社から死亡退職慰労金については、相続人が受け取った退職手当金等の全額が相続税の対象となるわけではありません。すべての相続人（相続を放棄した人や相続権を失った人は含まれません）が取得した退職手当金等を合計した額が、（500 万円 × 法定相続人の数）で計算される非課税限度額以下のときは課税されません。

相続税の課税対象となる退職手当等とは、被相続人の死亡によって、被相続人に支給されるべきであった退職手当金、功労金その他これらに準ずる給与をいい、被相続人の死亡後 3 年以内に支給が確定したものは、相続財産とみなされて相続税の課税対象となります。

この退職手当金等とは、受け取る名目にかかわらず実質的に被相続人の退職手当金等として支給される金品をいい、「死亡後 3 年以内に支給が確定したもの」とは次のものをいいます。

① 死亡退職で支給される金額が被相続人の死亡後 3 年以内に確定したもの

② 生前に退職していて、支給される金額が被相続人の死亡後 3 年以内に確定したもの

つまり、役員の死亡に伴い会社から支給される弔慰金等のうち、実質上退職手当金等に該当すると認められる部分は相続税の対象になります。

ただし、次に掲げる弔慰金等の金額については相続税の対象

となりませんが、その金額を超える部分に相当する金額は退職手当金等として相続税の対象となります（相法3、相基通3-18から20)。

① 被相続人の死亡が業務上の死亡であるとき

被相続人の死亡当時の普通給与の3年分に相当する額

② 被相続人の死亡が業務上の死亡でないとき

被相続人の死亡当時の普通給与の半年分に相当する額

この規定は、オーナー貸付金の削減策として有効に活用できる規定です。

なお、役員の死亡退職慰労金を支給する場合、次のような臨時株主総会議事録及び取締役会議事録の作成が必要となります。

第○○回　○時株主総会議事録

平成○○年○○月○○日午前○○時○○分より当会社本店において、第○○回○時株主総会を開催した。

株主の総数　　　　　　　　　　　　　　　　　　○名
発行済株式総数　　　　　　　　　　　　　　　　○株
議決権を行使できる株主の総数　　　　　　　　　○名
議決権を行使することができる株主が有する議決権の総数 ○個
議決権を行使することができる出席株主数（委任状によるものを含む）　　　　　　　　　　　　　　　　　　○名
この議決権の総数　　　　　　　　　　　　　　　○個

以上のとおり株主の出席があったので、定款の規定により代表取締役○○○○は、議長席につき、○時総会は適法に成立したので、開会する旨を宣し、直ちに議事に入った。

（議案）死亡退職した〇〇〇〇殿の弔慰金並びに死亡退職金等の
支給に関する件

　平成〇〇年〇〇月〇〇日死亡により退任した〇〇〇〇殿の遺族
に対し、弔慰金、死亡退職金等を支給することについて上程があっ
たところ、株主〇〇〇〇氏から弔慰金、死亡退職金等を贈呈する
こと、その金額、時期、方法等を取締役会に一任したいと動議が
なされた。

　引き続いて議長から、取締役会に一任の動議について、弔慰金、
死亡退職金を支給することとし、その金額は、平成〇〇年〇〇月
〇〇日に開かれた〇〇会で決議された役員退職慰労金規程の範囲
内とし、支給時期、支給方法等については、取締役会に一任する
提案をして議場にその賛否を諮ったところ、全員異議なく議長提
案どおり承認可決された。

　議長は、以上をもって本日の議事が終了した旨を述べ、午〇〇
時〇〇分閉会した。

　以上の決議を明確にするため、取締役〇〇〇〇はこの議事録を
作成し、議長及び出席取締役がこれに記名押印する。

平成〇〇年〇〇月〇〇日
株式会社〇〇〇〇

　　　　　　　　議長　　代表取締役　　　〇〇〇〇　　㊞
　　　　　　　　　　　　出席取締役　　　〇〇〇〇　　㊞
　　　　　　　　　　　　　同　　　　　　〇〇〇〇　　㊞
　　　　　　　　　　　　　同　　　　　　〇〇〇〇　　㊞
　　　　　　　　　　　　　同　　　　　　〇〇〇〇　　㊞

取締役会議事録

　平成〇〇年〇〇月〇〇日午前〇〇時〇〇分より、当会社の本店

において、取締役会を開催した。

出席取締役○○名（全取締役○○名）

　代表取締役○○○○は、選ばれて議長となり、下記の議案につき、可決確定のうえ、午前○○時○○分散会した。

（議案）取締役○○○○殿の死亡に伴う弔慰金、死亡退職金等の
　　　　支給に関する件

　平成○○年○○月○○日取締役○○○○殿の死亡に伴う、弔慰金、死亡退職金等の決定については、平成○○年○○月○○日株主総会決議をもって「金額の決定及びその支給手続については取締役会決議に一任された」ので、役員退職慰労金規程に基づき、次のように原案を提示して議場に賛否を問うたところ全員異議なく原案通り決定した。

記

金額の確定

　弔慰金　　　○○○万円　　　死亡退職金○○○万円　　　功労加算金○○○万円

　支払期日　　平成○○年○○月○○日

　支払方法　　遺族代表者へ、現金又は小切手により支払う。

　以上の決議を明確にするため、この議事録を作成し、出席取締役全員がこれに記名押印する。

　　　平成○○年○○月○○日

　　　株式会社○○○○取締役会

　　　　　　　　　議長・代表取締役　　　　○○○○　　　㊞

　　　　　　　　　出席取締役　　　　　　　○○○○　　　㊞

　　　　　　　　　出席取締役　　　　　　　○○○○　　　㊞

　　　　　　　　　出席取締役　　　　　　　○○○○　　　㊞

　　　　　　　　　出席取締役　　　　　　　○○○○　　　㊞

3 役員給与の増額分を利用して精算する

> **役員給与の増額のポイント**
> ・・
> ☑ 定期同額給与として認められる役員給与の変更手続きは、期首から3月（申告期限2月以上延長法人は指定月数＋2月）を経過する日までに株主総会で行うことが必要です。
> ☑ 事前確定届出給与の届出期限は、期首から4月（申告期限2月以上延長法人は指定月数＋3月）以内です。
> ☑ 業績連動給与の報酬委員会の決定等の手続の期限は、期首から3月（申告期限2月以上延長法人は指定月数＋2月）以内です。

オーナーへの貸付金が存在するのは、オーナー個人が経済的に苦しい場合が多いと考えられます。このため、現在の役員給与を増額して、オーナー個人の手許に渡せる金額は変わらないように、オーナーへの貸付金が返済される方法を考えてみます。

例えば、個人の生活資金を考慮して、会社から支出される金額を従前と同額とし、役員給与 1,000 千円を 1,500 千円に増額し、差額を借入金返済金とする方法です（数値は仮定の金額です）。

（役員給与増額前）

役員給与	1,000,000	／現　金	789,210
		／預り金（健　　保）	48,559
		／預り金（厚生年金）	56,730
		／預り金（源　泉　税）	105,501

（役員給与増額後・貸付金返済）

役員給与	1,500,000	／貸付金	325,743

/現　　金	789,210
/預り金（厚生年金）	68,874
/預り金（健　　保）	56,730
/預り金（源　泉　税）	259,443

　この場合、法人にとっては役員給与が増加し、また、社会保険の会社負担が増加することから、法人課税所得が減少しますが、毎月 325,743 円のオーナーから貸付金の返済を受けることができます。

　なお、会社からオーナー手許に入る金額は、役員給与を増額した後も手取額は同額としたため、個人の生活資金に影響を及ぼしません（住民税は増額します）。

　ただし、法人税法では、役員給与について、法人が役員に対して支給する給与の額のうち次に掲げる定期同額給与、事前確定届出給与又は業績連動給与のいずれにも該当しないものの額は損金の額に算入されませんので、注意が必要です（法法 34、法法 54、法令 69、法規 22 の 3 、平 28 改正法附則 24）。

（1）　定期同額給与

　定期同額給与とは次に掲げる給与をいいます。

①　その支給時期が 1 か月以下の一定の期間ごとである給与（以下「定期給与」といいます）で、その事業年度の各支給時期における支給額が同額であるもの

②　定期給与の額につき、次に掲げる改定（以下「給与改定」といいます）がされた場合におけるその事業年度開始の日又は給与改定前の最後の支給時期の翌日から給与改定後の最初の支給時期の前日又はその事業年度終了の日まで

の間の各支給時期における支給額が同額であるもの

イ　その事業年度開始の日の属する会計期間開始の日から
３か月を経過する日までに継続して毎年所定の時期にさ
れる定期給与の額の改定。ただし、その３か月を経過す
る日後にされることについて特別の事情があると認めら
れる場合にはその改定の時期にされたもの：通常改定

なお、定期給与の各支給額から源泉税、地方税及び社
会保険料等の額を控除した後の金額（手取額）が同額で
あるものは、「支給額が同額」であるものとみなされま
す。

ロ　その事業年度においてその法人の役員の職制上の地位
の変更、その役員の職務の内容の重大な変更その他これ
らに類するやむを得ない事情（以下「臨時改定事由」と
いいます）によりされたその役員に係る定期給与の額の
改定（イに掲げる改定を除きます）：臨時改定事由によ
る改定

ハ　その事業年度においてその法人の経営状況が著しく悪
化したことその他これに類する理由（以下「業績悪化改
定事由」といいます）によりされた定期給与の額の改定
（その定期給与の額を減額した改定に限られ、イ及びロ
に掲げる改定を除きます）：業績悪化改定事由による改
定

③　継続的に供与される経済的利益のうち、その供与される
利益の額が毎月おおむね一定であるもの

（2）事前確定届出給与

事前確定届出給与とは、定期同額給与及び業績連動給与のいずれにも該当しない給与で、所定の時期に確定した額の金銭又は確定した数の株式、新株予約権、確定した額の金銭債権に係る特定譲渡制限付株式又は特定新株予約権を交付する旨に基づいて支給する給与で、次の区分の場合にはそれぞれの要件を満たすものに限ります。

① 同族会社以外の法人が定期給与を支給しない役員に対して金銭で支給する給与以外の給与（株式又は新株予約権による給与で一定のものを除きます）である場合……届出期限までに所轄税務署長に交付する旨の定めの内容に関する届け出をしていること

② 株式を交付する場合……株式が市場価格のある株式又は市場価格のある株式と交換される株式であること

③ 新株予約権を交付する場合……新株予約権がその行使により市場価格のある株式が交付される新株予約権であること

（3）業績連動給与

業績連動給与とは、利益の状況を示す指標、株式の市場価格の状況を示す指標その他の同項の内国法人又は当該内国法人との間に支配関係がある法人の業績を示す指標を基礎として算定される額又は数の金銭又は株式若しくは新株予約権による給与及び特定譲渡制限付株式若しくは承継譲渡制限付株式又は特定新株予約権若しくは承継新株予約権による給与で、無償で取得され、又は消滅する株式又は新株予約権の数が役務の提供期間

171

以外の事由により変動するものをいいます。

業績連動給与のうち、損金の額に算入されるのは、内国法人（同族会社にあっては、同族会社以外の法人との間に当該法人による完全支配関係があるものに限ります）がその業務執行役員に対して支給する給与（金銭以外の資産が交付されるものにあっては、適格株式又は適格新株予約権が交付されるものに限ります）で、次に掲げる要件を満たすもの（他の業務執行役員のすべてに対して次に掲げる要件を満たす業績連動給与を支給する場合に限ります）です。

イ　交付される金銭の額若しくは株式若しくは新株予約権の数又は交付される新株予約権の数のうち無償で取得され、若しくは消滅する数の算定方法が、次のものを基礎とした客観的なものであること

（ⅰ）職務執行期間開始日以後に終了する事業年度の利益の状況を示す指標

（ⅱ）職務執行期間開始日の属する事業年度開始の日以後の所定の期間若しくは職務執行期間開始日以後の所定の日における株式の市場価格の状況を示す指標

（ⅲ）職務執行期間開始日以後に終了する事業年度の売上高の状況を示す指標

ロ　上記イの算定方法が次の要件を満たすものであること

（ⅰ）金銭による給与にあっては確定した額を、株式又は新株予約権による給与にあつては確定した数を、それぞれ限度としているものであり、かつ、他の業務執行役員に対して支給する業績連動給与に係る算定方法と同様のものであること。

（ⅱ）政令で定める日までに、報酬委員会（当該内国法人の業務執行役員又は当該業務執行役員と政令で定める特殊の関係のある者がその委員になっているものを除きます。）が決定をしていることその他の政令で定める適正な手続を経ていること。

（ⅲ）その内容が、（ⅱ）の政令で定める適正な手続の終了の日以後遅滞なく、有価証券報告書に記載されていることその他財務省令で定める方法により開示されていること。

ハ　その他政令で定める要件

　　この業績連動給与の算定の基礎となる指標のうち、「利益の額の状況を示す指標」の範囲は、「利益の額、利益の額に有価証券報告書に記載されるべき事項による調整を加えた指標その他の利益に関する指標として法人税法施行令第69条第10項に定めるもの」とされています（法法34①三イ、法令69⑩）。

　　このため、この業績連動給与の適用される法人はかなり限定されます。

　　この結果、一般的には、オーナーへの貸付金の返済のための役員給与の増額については、定期同額給与に該当するように返済計画をする必要があります。

4　役員賞与で精算する

> ### 役員賞与のポイント
>
> 　法人の実効税率（外形標準課税不適用法人・平成29年4月1日以後開始事業年度の場合）33.80％＋個人の所得税率・住民税率55％（最高税率）の合計額は、88.80％の高負担となり、オーナーに対する貸付金の大きな返済原資となりえません。

　前述3のように、法人税法上、法人が役員に支給する報酬及び賞与のうち、①定期同額給与、②事前確定届出給与、③業績連動給与のいずれにも該当しないものは、課税所得の計算上、損金の額に算入されません（法法34①、法令69）。

　このため、累積しているオーナーへの貸付金を、役員に対して役員賞与を支払って削減する方法を採用すると、法人税法の課税所得の計算においても、また、役員個人の税金負担をも斟酌すると、決して採用できる方法ではありません。

　すなわち、役員賞与は、会社法上の「報酬等」の一部とされます。会社法においては、賞与は「職務執行の対価」とされ、その支給手続きは報酬と同様の取扱いとなり、利益処分案の一項目としてではなく、報酬や賞与の支給に関する株主総会決議が必要となります（会社361）。

　この役員賞与についての会計処理は、企業会計基準委員会は、「役員賞与に関する会計基準」において、「役員賞与は、発生した会計期間の費用として処理する」と規定されており、法人税法では、損金不算入の取扱いとなります（法法34）。

　したがって、役員賞与の支給を行うと法人に対しての法人税

174

のほか、オーナーが支給を受ける役員賞与に源泉所得税も課税されることから、有効な削減方法とはいえません。

5　生命保険契約を利用して返済する

生命保険活用のポイント

・・・・・・・・・・・・・・・・・・・・・・・・・・・・・・・・・・・・・

「名義変更された年までの払込保険料累計額」と名義変更後の「解約返戻金」の額の差額が多額な場合、個人の受ける経済的利益の額の評価として合理性があるとはいえないことから否認される可能性も十分あります。

　法人契約の逓増定期保険を、解約返戻金の高くなる少し前に、個人契約に転換し、その後個人で解約すると個人に多くの資金が発生する「低解約返戻金型逓増定期保険」があります。

　この生命保険契約を活用した方式は、法人で上記の生命保険契約を締結し、「解約返戻金」が低額のうちに個人であるオーナーにその契約者を変更し、その後そのオーナーが保険料を支払い、その直後に解約すると、個人に所得税の負担も軽減される解約金が手許に入ります。そこで、その個人に入金された金額で法人からの借入金を返済するという手法です。

　この節税手法は、外資系の保険会社が主に販売していますが、契約から一定期間（低解約返戻金期間）中の「解約返戻金」が低額に抑えられている一方で、低解約返戻金期間経過後の「解約返戻金」が大幅に跳ね上がることが特徴の法人向けの保険商品です。

　法人から個人に名義変更した場合の保険契約の権利の評価が

175

「解約返戻金」の額と取り扱われることなどから、低解約返戻金期間の最終年、法人から役員等の個人に名義変更したうえで、「解約返戻金」が大幅に上がる年に、個人が解約して節税する商品として利用されています。

ただし、現在の取扱通達に従った課税処理を行っていても、「名義変更された年までの払込保険料累計額」などに比べ、大幅に低額な名義変更後の「解約返戻金」の額が、個人の受ける経済的利益の額の評価として合理性があるとはいえないことから否認される可能性も十分ありますので、注意が必要です。

また、平成27年度税制改正により、保険会社が税務当局に提出する「生命保険契約等の一時金の支払調書」の記載事項として、新たに①その契約者の変更（2回以上の変更があった場合は最後の契約者の変更）前の契約者の氏名又は名称等、②その契約に係る現契約者が払い込んだ保険料又は掛金の額、③その契約に係る契約者の変更回数以下の項目が追加されており、平成30年1月1日以後に支払の確定する生命保険金等で同日以後に名義変更が行われたものに適用されることとなり（所法225①四、所令351①、所規86、27年改正所規附則17）、課税庁において保険料の支払者が明確に把握できることとなりますから、これについても十分な注意が必要です。

このような「低解約返戻金型定期保険」で、契約者がオーナーに変更された後、解約した場合に一時所得として課税される場合の、その収入を得るために支出した金額（払込保険料の金額）について、個人が支払った保険料に限られることとなりましたが、これは名義変更前の法人が支払った保険料の金額は含まれないとする、次の判例の判断が反映されたものです。

福岡地裁　平成23年5月9日、福岡高裁　平成23年11月25日、最高裁　平成24年7月19日、福岡高裁　平成25年6月6日（Z261-11681、Z261-11816、Z262-12005、Z263-12229）

　被控訴人（一審原告）らは、契約者及び死亡保険金受取人を被控訴人らの経営するＡ社等、被保険者を被控訴人らあるいはその親族、満期保険金の受取人を被控訴人らとする養老保険に加入していた。

　保険料は、被控訴人とＡ社等が各2分の1ずつ負担し、Ａ社等は、負担した保険料を損金処理していた。本件は、満期保険金を受領した被控訴人らが、法人負担分も含む保険料全額を、一時所得の金額の計算上控除し得る「収入を得るために支出した金額」に当たるものとして確定申告をしたところ、税務署長から更正処分及び過少申告加算税の賦課決定処分を受けた事案である。

　差戻し前の控訴審は、被控訴人らの請求のうち、①更正処分の取消請求に係る部分を棄却すべきものとする一方、②過少申告加算税賦課決定処分の取消請求に係る部分を認容すべきものとしたが、上告審は、上記②の部分を是認できないとして、控訴人（一審被告）の敗訴部分を破棄して福岡高等裁判所に差し戻した。差戻し後の本件の争点は、国税通則法65条4項が定める「正当な理由」があるか否かである。

　被控訴人らは、一時所得の金額の計算上控除される保険料等は、その生命保険金等の受給者以外の者が負担していたものも含まれるものと解釈し（被控訴人ら解釈）、そう解釈することに、相当な根拠があった旨主張する。しかし、被控訴人ら解釈は、法の趣旨を踏まえることなく、専ら通達の一部の文言等に依拠して行われたものであり、その解釈の手法として妥当性を欠く上、税回避の発想からされたことがうかがわれるのであって、法令の解釈として不適切なものといわざるを得ない。

　被控訴人らは、課税庁が、本件に至るまでに、本件各契約と同

内容の養老保険契約における保険料の取扱いについて、全額控除をしているはずである旨主張する。しかし、これを認めるに足りる証拠はなく、かえって、昭和60年頃から販売された本件各保険と同内容の養老保険について、国税庁が監修して昭和62年に発行された解説書には、<u>一時所得の計算上控除される保険料等の総額は、課税済みの本人負担分に限られ、事業主が負担した保険料等で、給与所得として課税が行われていないものは、その控除する保険料等の総額から除くこととされることが明記されており、課税庁が全額控除を認めて課税処理をしていたとは考え難い。</u>

被控訴人らは、被控訴人ら解釈に沿う解説がされた文献がある旨主張するが、それらについて、税務当局がその監修等をしていたり被控訴人ら解釈を採るべき法令解釈上の具体的な根拠を示していたりするなどの事情は認められない。これに対し、本件税務通信においては、国税庁審理室課長補佐がその官職名を明示したうえ、具体的根拠を示しながら、法人により損金経理がされた部分の額は、個人の一時所得を計算する上で控除すること（全額控除）はできないこと、つまり、被控訴人ら解釈はとり得ないことが説明されているのであり、被控訴人ら解釈に沿う文献が存在するからといって、被控訴人ら解釈に根拠があるとはいい難い。

以上によれば、所得税基本通達34-4の文言や市販の解説書に係る事情のみをもってはもとより、課税実務上の運用や税務当局ないしその関係者の示した見解の有無などの事情に照らしても、被控訴人ら解釈に基づいて行われた過少申告について、真に納税者の責めに帰することのできない客観的な事情があり、過少申告加算税の趣旨に照らしてもなお納税者に過少申告加算税を賦課することが不当又は酷になる場合に当たるものと認めることはできず、本件過少申告がされたことについて、「正当な理由がある」ということはできない。

（注）下線は著者が加筆

6　代物弁済を行う

（1）　オーナー所有の不動産により返済する

> **代物弁済のポイント**
> ・・
> ☑取引の対象となる資産の時価の算定には、適正でないと上記の
> 　ような課税関係が生じることから、十分に検討する必要があり
> 　ます。
> ☑代物弁済として、オーナーが所有する資産をその対象とする場
> 　合、下記7と同様にオーナーに譲渡所得課税が生じます。

　代物弁済により資産を譲渡したときは、その弁済で消滅した
債務の額を対価としてその資産を譲渡したこととなります。こ
のため、譲渡所得の収入金額は、その消滅した債務の額となり
ます（所法36②）。

　消滅した債務の額と代物弁済の対象となった資産の額が異な
る場合において、その精算を行わない場合は次のように取り扱
われます。

①　代物弁済の対象となった資産の価額＜消滅する債務の額

　同族会社Aから役員甲への貸付金1,000について、役員甲
が所有する土地（800）を代物弁済として譲渡した場合

　　同族会社Aの仕訳

　　　土　地　　　800／貸付金　　1,000
　　　役員給与　　200／

　役員甲・・・譲渡所得の収入金額　800として申告

②　代物弁済の対象となった資産の価額＞消滅する債務の額

　同族会社Aから役員甲の貸付金1,000について、役員甲が

所有する土地（1,200）を代物弁済として譲渡した場合

　同族会社Ａの仕訳

　　土　　地　　1,200　／貸　付　金　　1,000
　　　　　　　　　　　　／受　贈　益　　　200

　役員甲・・・譲渡所得の収入金額　1,200として申告

　なお、オーナーへの貸付金を個人の資産によって、時価未満で回収（譲渡）したときの課税関係は、時価の２分の１以上と２分の１未満では次のような取り扱いに相違が生じます。

（イ）時価の1/2以上の譲渡の場合

譲 渡 価 額	課 税 関 係
譲渡者側（オーナー）の課税関係	通常の譲渡所得の金額計算を行う。ただし、所得税法157条（同族会社等の行為又は計算の否認）の規定により、譲渡資産の時価に相当する金額により譲渡所得の金額の計算が行われることがあります（所基通59-3）。 　なお、譲渡損については、損益通算はできません。
譲受者側（法人）の課税関係	譲受価額と時価との差額は、受贈益課税されます。ただし、譲り受け価額が著しく低い価額であることにより譲渡者以外の同族会社の株主等の有する株式等の価額が増加した場合には、その増加した部分に相当する金額を譲渡者から贈与により取得したものとして取り扱われる場合があります（相法9）。 　なお、取得価額は時価となります。

（ロ）時価の 1/2 未満の譲渡の場合

譲 渡 価 額	課 税 関 係
譲渡者側（オーナー）の課税関係	みなし譲渡課税（所法 59 ①二、所令 169）されます。 　なお、譲渡損については、損益通算はできません。
譲受者側（法人）の課税関係	譲受価額と時価との差額は、受贈益が行われます。ただし、譲り受け価額が著しく低い価額であることにより譲渡者以外の同族会社の株主等の有する株式等の価額が増加した場合には、その増加した部分に相当する金額を譲渡者から贈与により取得したものとして取り扱われる場合があります（相法 9）。 　なお、取得価額は時価となります。

（2）　オーナー所有の株式（自己株式）により返済する

自己株式による場合のポイント

　自己株式の評価額によっては、みなし配当課税が生じ、所得課税の負担が高いことも考えられ、また、所得税法 59 条による低額譲渡課税の適用にも注意が必要となります。

　オーナーが借入金の代物弁済として、オーナーの会社の株式をその対象とすることが考えられます。

　この場合は自己株式の譲渡になりますので、発行法人側・オーナー個人側で、それぞれ次のような取り扱いとなります。

　なお、この自己株式とは、「株式会社が有する自己の株式」

をいいます（会社113④）。

① 発行法人側の会計上及び税務上の処理

〔会計上の処理〕

　会社が自己株式を取得し、その対価を支払った場合、会計上は取得原価をもって貸借対照表の純資産の部の株主資本のマイナス項目として表記することとなっています（会社法計算規則76条第2項、自己株式及び準備金の額の減少等に関する会計基準（会計基準委員会）7、8）。

〔税務上の処理〕

　法人が自己株式を株主より取得した場合に、その株主においてみなし配当が生じるときは、その取得の対価として交付した金銭等の額のうち、資本金等の額に対応するとされる部分は出資の払戻し、利益積立金に対応する部分は配当と考えます。

　つまり、株主にその取得の対価として交付される金銭等のうち、取得資本金額に相当する金額を資本金等の額から控除し、取得資本金額を超える金額を利益積立金から控除します（法法2⑯、⑱、法令8①二十、9①十四）。

　この場合の、取得資本金額は、次の算式により計算します（法令8①二十）。

　取得資本金額＝1株当たり資本金等の額×今回取得する自己株式数

　なお、1株当たり資本金等の額は次により計算します。

　1株当たり資本金等の額＝自己株式取得直前の資本金等の額÷（自己株式取得直前の発行済株式総数－直前の自己株取得直前の自己株式数（既取得の株式数））

　例えば、発行会社の1株当たり資本金等の額が10,000円の

182

会社が、自己株式を1株20,000円で取得した場合、税務上の仕訳は次のようになります。

資本金等の額　　10,000／現　金　預　金　　20,000
利益積立金額　　10,000

このようにオーナーという特定の株主から、オーナー会社の非上場株式を取得する場合、会社では株主総会の特別決議が必要です。

一般的な特定の株主から自己株式を取得する手続きは、次のようになっています。

　㋑　株主に対する自己株式の取得の通知

　㋺　他の全部の株主の売主追加請求権の行使（会社160③）

　㋩　株主総会の決議（特定の株主からの自己株式の取得に関する株主総会の特別決議（会社309②二））

　㊁　取締役会の決議（取得する株式の種類、数、1株当たりの取得価額又は算定方法、取得価額の総額、申込期間の決定）

　㋭　売主である株主の譲渡の申込

特定の株主から自己株式を取得する場合の株主総会議事録

臨時株主総会議事録（抜粋）

議案　特定の株主から自己株式を取得する件

　議長は、下記の内容により特定の株主から当社の株式を取得する必要がある旨を詳細に説明し、その賛否を議場に諮ったところ、満場一致をもって本案に賛成した。
　よって、本件は、議長の提案のとおり可決した。

183

なお、本件について、株主○○○○氏は、会社法第 160 条第4項の規定により議決権の行使をしていない。

1. 取得する株式の種類及び数　　　　普通株式　　○○株
2. 株式 1 株を取得するのと引き換えに交付する金銭等の内容及び総額

　　　　　　　　　　　1 株につき○万円　総額　○○○万円

3. 株式を取得することのできる期間　平成○年○月○日から平成○年○月○日
4. 会社法第 160 条第 1 項により通知を行う株主　　　　○○○○氏

特定の株主から自己株式を取得する場合の取締役会議事録

取締役会議事録（抜粋）

議案　特定の株主から自己株式を取得する件

　議長は、平成○年○月○日に開催された臨時株主総会において決議された自己株式の取得について、下記の要領で実行したい旨を説明し、賛否を諮った。

　本件について、出席取締役の全員が賛成し、次のとおりの内容で可決決定した。

1. 取得する株式の種類及び数　　　　普通株式　　○○○株
2. 株式 1 株を取得するのと引き換えに交付する金銭　　　　　　　　1 株につき○万円
3. 株式を取得するのと引き換えに交付する金銭の総額　　　　　　　○○○万円
4. 株式の譲渡・申込の期間　　　　平成○年○月○日
5. 当社の株式を取得する株主　　　　○○○○

② 個人（オーナー）株主の税務処理

イ 個人株主側の配当所得の金額の計算

発行法人への株式の譲渡対価として取得した金銭等のうち、発行会社の税務処理において利益積立金の減とされる金額に相当する金額（①の事例では 10,000 円）は、一定の場合を除き、原則として、その株式を譲渡した株主において配当とみなされ、配当所得の金額として課税されます（所法 25 ①四）。これを、「みなし配当課税」といいます。

この配当所得は総合課税の対象となり、配当控除の適用を受けることができます。また、配当とみなされる金額に対しては、支払いの際に 20.42% の源泉所得税及び復興特別所得税の源泉徴収が行われます（所法 181、182 他）。

ロ 個人株主の譲渡所得等の金額の計算

発行法人の自己株式取得により個人株主に交付される金銭等から配当とみなされる金額（イを除いた金額）は、譲渡所得、事業所得又は雑所得（譲渡所得等）の金額の総収入金額とされます（措法 37 の 10 ③四）。

例えば、売主である個人株主の株式取得価額（取得費）が 30,000 円の場合、①の例で計算すると、次の通り 20,000 円の株式譲渡損が発生します。この譲渡損は、他の非上場株式の譲渡益との通算はできますが、その通算後に残った損失の金額はなかったものとされ、他の所得の金額と通算することはできません（措法 37 の 10 ①）。

総収入金額{20,000円（株式譲渡価額）－ 10,000円（みなし配当の額）}－株式の取得価額 30,000円

＝△ 20,000円

みなし配当

株式譲渡益の場合

株式譲渡損の場合

　つまり、オーナーが自己所有の法人の株式とオーナーへの貸付金を相殺（代物弁済）すると、株式発行会社が行った自己株式の取得となり、金融商品取引所の開設する市場における購入や単元未満株式の買取の請求による取得など、一定の事由による場合を除き、原則としてみなし配当として課税されます（所法 25 ①五）。

　したがって、みなし配当が生ずることにより、配当所得として過重な税負担となることもあります。

大阪地裁　平成23年3月17日、大阪高裁　平成24年2月16日、最高裁　平成26年1月16日（Z261-11644、Z262-11882、Z264-12386）

　株式会社である原告が、その従業員持株会に対する貸付金を回収するため、同会が保有する原告の発行済株式を代物弁済により取得したところ、処分行政庁が、当該代物弁済により消滅した債権のうち、取得した株式に対応する資本金等の金額を超える部分は「みなし配当」に該当し、原告には、源泉徴収義務があるとして、原告に対し源泉徴収に係る所得税の納税告知処分及び不納付加算税の賦課決定処分をしたことから、原告がこれらの処分の取消しを求めた事案である。

　本件代物弁済において消滅した借入金債務の金額には、株式を取得するための正当な対価に充てられた部分（資本等取引）のほかに福利厚生費に充てられた部分（損益取引）が混在しているとみた上、本件株式の時価は、類似業種比準価額である1株当たり630円を上回る部分については、みなし配当はなかったことになるとも主張するが、法文上、取得の対象とされた自己株式の時価を比較対象としてみなし配当の額を計算すべきものと解釈する余地はなく、本件代物弁済の結果、原告の株主としての地位に基づき、本件借入金債務が消滅するという利益が発生しているのであるから、上記資本等の金額を上回る部分をみなし配当とみるほかないというべきである。

　なお、法人が自己株式をオーナーから取得する場合の所得税法59条の低額譲渡の課否については、次のように取り扱われます。

　つまり、自己株式の取得が、その株式の時価の2分の1未満の価額行われた場合には、法人に対する低額譲渡として時価で譲渡があったものとみなされます（所法59①二、所令169）。

　例えば、次のような事例では、その判定が行われます。

法人のオーナーが所有する自己株式100株について、法人からの借入金6,000千円の代物弁済とし、引き渡しました。なお、この法人の株主構成（自己株式取得前）はオーナーが80％（320株）、オーナーの父が20％（80株）です。

　また、非上場株式の株式評価については、純資産価額によるものとし、資産負債については帳簿価額と相続税評価は同額であるとします。

（自己株式取得前の会社の貸借対照表）　　　単位：千円

資産の部		負債の部	
現金預金	30,000	負債	50,000
その他の資産	45,000	純資産の部	
（うちオーナー貸付金）	20,000	資本金	20,000
		繰越利益	5,000
合計	75,000	合計	75,000

（自己株式取得後の会社の貸借対照表）　　　単位：千円

資産の部		負債の部	
現金預金	30,000	負債	50,000
その他の資産	39,000	純資産の部	
（うちオーナー貸付金）	6,000	資本金	20,000
		自己株式	△6,000
		繰越利益	5,000
合計	69,000	合計	69,000

（1）　みなし配当の金額

6,000千円－（20,000千円／400株）×100株＝1,000千円

交付を受けた金額　　　　　資本金等の金額　　　　　　　　　みなし配当の額

※みなし配当金額に係る源泉徴収金額

1,000 千円 ×20.42％＝ 204,200 円（復興特別所得税を含む）

（2）　オーナーの株式譲渡に係る譲渡所得の金額

〔自己株式の時価〕

30,000千円＋45,000千円－50,000千円＝25,000千円

25,000千円/400株＝62,500円

〔所得税法 59 条の適用の有無〕

62,500 円 ×100 株 × 1 ／ 2 ＝ 3,125 千円（自己株式時価の1/ 2）＜ 6,000 千円（取得価額）

∴　適用なし

〔譲渡価額〕

62,500 円 ×100 株＝ 6,250 千円

6,250 千円－みなし配当の額 1,000 千円＝ 5,250 千円

　なお、自己株式の取得前後において、相続税評価額が増加するため、次により計算した金額について、オーナーからオーナーの父に対して経済的利益の供与があったものとして、贈与税が課税されます（相法9）。

〔自己株式取得後の時価〕

19,000 千円／（400 株－ 100 株）＝ 63,333 円

自己株式

〔オーナーの父の受けた経済的利益の額〕

（63,333 円－ 62,500 円）×80 株＝ 66,640 円

7 個人所有資産を譲渡した代金によって返済する

> **個人資産譲渡による場合のポイント**
>
> オーナーが所有する資産を譲渡して、法人からの借入金を返済する場合、譲渡に係る所得税・住民税も考慮して実行する必要があります。

　オーナーが所有する資産を譲渡し、その譲渡代金を原資として、借入金を返済します。

　つまり、現金で返済することとなりますので、法人側に課税問題は生じないこととなりますが、オーナーに対し次のように譲渡する資産の区分に応じて、譲渡所得課税が生じることとなりますので、オーナーの借入金の返済額は所得税・住民税の控除後の金額となります。

(1) 有価証券の場合

　まず、「上場株式等に係る譲渡所得等の金額」と「一般株式等に係る譲渡所得等の金額」に区分し、他の所得の金額と区分して税金を計算する「申告分離課税」となります。

① 有価証券の区分

　有価証券のうち「上場株式等」及び「一般株式等」とは、次のものをいいます。

① **上場株式等**（措法37の11）

　株式等のうち、次に掲げるものをいいます。

　イ　金融商品取引所に上場されている株式等

　ロ　店頭売買登録銘柄として登録されている株式（出資及び

投資口を含みます）

ハ　店頭転換社債型新株予約権付社債

ニ　店頭管理銘柄株式（出資及び投資口を含みます）

ホ　日本銀行出資証券

ヘ　外国金融商品市場において売買されている株式等

ト　公募投資信託の受益権

チ　特定投資法人の投資口

リ　公募特定受益証券発行信託の受益権

ヌ　公募社債的受益権

ル　国債及び地方債

ヲ　外国又はその地方公共団体が発行し、又は保証する債券

ワ　会社以外の法人が特別の法律により発行する一定の債券

カ　公社債でその発行の際の有価証券の募集が一定の公募に
　　より行われたもの

ヨ　社債のうち、その発行の日前９月以内（外国法人にあっ
　　ては、12月以内）に有価証券報告書等を内閣総理大臣に
　　提出している法人が発行するもの

タ　金融商品取引所（これに類するもので外国の法令に基づ
　　き設立されたものを含みます）においてその規則に基づき
　　公表された公社債情報に基づき発行する一定の公社債

レ　国外において発行された公社債で、次に掲げるもの

　　a　有価証券の売出し（その売付け勧誘等が一定の場合に
　　　　該当するものに限ります）に応じて取得した公社債（ロ
　　　　において「売出し公社債」といいます）で、その取得の
　　　　時から引き続きその有価証券の売出しをした金融商品取
　　　　引業者等の営業所において保管の委託がされているもの

191

b　売付け勧誘等に応じて取得した公社債（売出し公社債を除きます）で、その取得の日前9月以内（外国法人にあつては、12月以内）に有価証券報告書等を提出している会社が発行したもの（その取得の時から引き続きその売付け勧誘等をした金融商品取引業者等の営業所において保管の委託がされているものに限ります）

ソ　外国法人が発行し、又は保証する債券で、次に掲げるもの

　a　次に掲げる外国法人が発行し、又は保証する債券

　　i　その出資金額又は拠出をされた金額の合計額の2分の1以上が外国の政府により出資又は拠出をされている外国法人

　　ii　外国の特別の法令の規定に基づき設立された外国法人で、その業務がその外国の政府の管理の下に運営されているもの

　b　国際間の取極に基づき設立された国際機関が発行し、又は保証する債券

ツ　銀行等又はその銀行等の関連会社が発行した社債（その取得をした者が実質的に多数でないものとして一定のものを除きます）

ネ　平成27年12月31日以前に発行された公社債（その発行の時において同族会社に該当する会社が発行したものを除きます）

② **一般株式等（措法37の10）**

株式等のうち、上場株式等以外のものをいいます。

なお、中小企業では、もっぱら会社に好ましくない者に株式

を譲渡されることを防止し、企業経営するうえで株主構成の安定を図かる必要であることから、株式の譲渡について譲渡を制限しているのが一般的です。

このような「譲渡制限株式」を譲渡するためには、その譲渡について一定の機関で承認が必要となります。

この一定の機関とは、①取締役設置会社では取締役会、②取締役会設置会社では株主総会、③定款で特に定めた場合は代表取締役、取締役が該当します。

譲渡制限株式の譲渡に関しては、手続きとしてその承認に関して、次のような契約書や譲渡承認請求書、議事録の作成が必要となります。

株式譲渡契約書

○○○○（以下「甲」という）及び○○○○（以下「乙」という）は、○○○○株式会社（以下「丙」という）の株式の譲渡に関し、次の通り契約（以下「本契約」という）を締結する。

（目的）

第1条　　甲は、本契約の規定に従い、平成○○年○○月○○日をもって、丙の発行する議決権付普通株式○○株（以下「本件株式」という）を乙に譲渡し、乙はこれを譲り受けるものとする（以下「本件譲渡」という）。

　　2　　前項に定める本件株式の譲渡は、譲渡日において、甲が、乙に対し、本件株式を表章する株券（以下「本件株券」という）を引渡す方法により行われるものとする。

（譲渡価額及び支払方法）

第2条　　乙は、甲に対し、譲渡日において、本件株式の譲渡の対価として金○○○○円（以下「本件譲渡価額」という）

を本件株券と引換えに支払うものとする。

 2 前項に定める支払方法は、甲の指定する銀行口座（金融機関：○○銀行○○支店、種類：普通預金、口座番号：○○○○○○、名義人：甲）に対する振込送金によってなされるものとする。

（譲渡承認）

第3条 甲は、譲渡日までに、本件譲渡につき、丙の取締役会の承認を取得するものとする。

 2 本件譲渡は、前項に定める取締役会の承認を得ることを条件とする。

（協議条項）

第4条 本契約に定めのない事項については、本契約の趣旨に従い、甲乙誠実に協議のうえ、これを決する。

 本契約の証として、本契約書2通を作成し、甲及び乙はこれに記名押印のうえ、各自原本1通を保有するものとする。

  平成○○年○○月○○日

       甲 東京都○○区○○

         ○○○○ 印

       乙 東京都○○区○○

         ○○○○ 印

 定款において、すべての株式又は一部の種類の株式を譲渡するには会社の承認を要する旨を定めて、株式の譲渡を制限することが認められていますので（会社107①一、108①四）、株式譲渡契約書には、第3条のように「譲渡承認」条項を設けます。

 定款において株式の譲渡制限が定められている場合に会社の承認を受けずになされた株式譲渡の効力について判決では、「取締役会の承認をえずになされた株式の譲渡は、会社に対する関係では効力を生じないが、譲渡当事者間においては有効で

ある」と判示しています（最高裁　昭和 48 年 6 月 15 日）。

　つまり、定款において、譲渡制限の定められている場合には、会社の承認を受けない限り、会社に対しては譲渡の効力を主張することはできません。

株式会社　○○○○　取締役会議事録

日　　　時　　平成○○年○○月○○日　午前○○時
場　　　所　　東京都○○区○○
　　　　　　　　株式会社○○○○　本社会議室
取締役の総数　　○○名
出席取締役の数　○○名
　上記のとおり出席があったので、代表取締役○○○○は定款の規定により議長となり、定刻、開会を宣し議事に入った。

議案　株式譲渡承認に関する件

　議長は、今回下記のとおり当会社株式につき譲渡承認の請求があった旨を述べ、さらに当会社の株式を譲渡するには取締役会の承認を要する旨の定款第○○条を説明した後、この承認につき一同に意見を求めたところ、全員異議なくこれを承認し、ただちに株式譲渡承認書を交付することに決定した。
記
　譲渡（贈与）承認請求人　○○○○　　　譲渡株式　○○株
　譲渡（贈与）相手方　　　　○○○○
　以上をもって本日の議案を議了したので、議長は午前○○時○○分閉会を宣した。
　上記議事の経過の要領及びその結果を証するため、本議事録を作成し、議長及び出席取締役は次に記名押印する。

第2部　オーナー社長の会社からの借入金

平成〇〇年〇〇月〇〇日
　　　　　取　締　役　会

　　　　議長　代表取締役　　　〇〇〇〇
　　　　　　　取　締　役　　　〇〇〇〇
　　　　　　　取　締　役　　　〇〇〇〇

　会社が株式譲渡について承認をしなかった場合には、会社
は、会社で買い取るか、指定買取人を指定するか決定をしなけ
ればなりません（会社140）。

　　　　　　　　　　　　　　平成〇〇年〇〇月〇〇日
　　　　　　株式譲渡承認又は譲渡の相手方指定請求書
株式会社　〇〇〇〇御中
　　　　　　　　　　　　株主　住所　東京都〇〇区〇〇
　　　　　　　　　　　　　　　氏名　〇〇〇〇

　貴社株式を下記のとおり譲渡したいので承認してください。
　もし、承認されないときは、他に譲渡の相手方を指定願いたく、
会社法第136条により請求します。

　　　　　　　　　　　　　記
　1　譲渡する株式の種類及び数
　　　　　　　　株式会社〇〇〇〇　株式〇〇株
　2　譲渡する相手方
　住所　　東京都〇〇区〇〇
　氏名　　〇〇〇〇
　　　　　　　　　　　　　　　　　　　　　以上

- -

　上記株式の譲渡は、当社取締役会において、貴殿のお申出のと

おり承認されましたから通知いたします。

　　　平成○○年○○月○○日

　　　株主　　○○○○殿

　　株式会社○○○○

　　　　代表取締役　　○○○○

ご注意　１　この請求書は２通提出のこと。

　　　　２　請求書には必ず届出印を押印のこと。

　なお、株式譲渡承認請求は、譲渡人からでも譲受人からで行うことができますが、譲受人から承認請求を行う場合には、譲渡人と共同で行わなければなりません。

　会社は、譲渡を承認した場合には、その決定内容を請求者に通知しなければなりません（会社145）。

　会社が株主からの承認の請求又は株式取得者からの承認の請求の日から２週間以内に譲渡等承認請求者に対する譲渡等の承認をするか否かの決定の通知をしなかった場合、合意変更があるときを除き、会社は譲渡の承認の決定をしたものとみなされます。

２　譲渡所得の金額と税率

　上場株式等・一般株式等に係る譲渡所得等（譲渡益）の金額の計算方法と税率は、次にようになります。

　a　上場株式等に係る譲渡所得等（譲渡益）の金額の計算方法

　総収入金額（譲渡価額）－必要経費（取得費＋委託手数料等）＝上場株式等に係る譲渡所得等の金額・・・税率20％（所得税15％、住民税５％）

b　一般株式等に係る譲渡所得等（譲渡益）の金額の計算方法

総収入金額（譲渡価額）－必要経費（取得費＋委託手数料等）＝一般株式等に係る譲渡所得等の金額・・・税率20％（所得税15％、住民税5％）

なお、平成25年から平成49年までは、復興特別所得税として各年分の基準所得税額の2.1％を所得税と併せて申告・納付することになり、上場株式等・一般株式等の間の譲渡損益は通算できません。

（2）　有価証券以外の資産の場合

所得税において譲渡所得に係る課税方法は、有価証券以外の譲渡資産については、その種類に応じ、まず、分離課税と総合課税に区分し、さらに譲渡資産の所有（又は保有）期間に応じて、長期譲渡所得と短期譲渡所得に区分し、（a）に該当する分離課税の場合に該当するには場合には、次の図表を適用し税額を計算し、下記（b）に該当する総合課税については、他の給与所得や不動産所得等と一緒に税額計算を行うこととなります。

（a）譲渡資産が土地建物等である場合、譲渡の年の1月1日においてその所有期間により、次のように区分します。

①　5年を超える土地等又は建物等の譲渡（次の②及び③に該当するものを除きます）…分離長期一般資産（措法31①）

②　5年を超える土地等で、優良住宅地の造成等のための譲渡…分離長期特定資産（措法31の2①）

198

③　10年を超える居住用資産の譲渡…分離長期軽課資産
（措法 31 の 3 ①）

④　5年以下である土地等若しくは建物等又は譲渡の年中に
取得した土地等若しくは建物等（次の⑤に該当するものを
除きます）…分離短期一般資産（措法 32 ①）

⑤　5年以下である土地等又は譲渡の年中に取得した土地等
である土地で、国や地方公共団体に譲渡したもの、収用交
換等により譲渡したものなどで一定の要件に該当するもの
…分離短期軽減資産（措法 32 ③）

（b）譲渡資産が土地建物等以外の資産である場合、その取
得の日以後譲渡の日までの保有期間により、次のように
区分されます。

①　5年を超える資産…総合長期資産（所法 33 ③一）

②　5年以下の資産（自己の研究の成果である特許権等、自
己の著作に係る著作権等は、その保有期間が5年以下であ
っても、①に該当します）…総合短期資産（所法 33 ③一、
所令 82）

図表　分離長期譲渡所得に係る所得税額（地方税額）の計算

一般所得分 （通常の場合） 措法31	課税長期譲渡所得金額×15%（地方税5%）
特定所得分 （優良住宅地の造成等のための譲渡の特例） 措法31の2	① 課税長期譲渡所得金額が2,000万円以下の場合 課税長期譲渡所得金額×10%（地方税4%） ② 課税長期譲渡所得金額が2,000万円を超える場合 （課税長期譲渡所得金額－2,000万円）×15% （地方税5%）＋200万円（地方税80万円）
軽課所得分 （居住用財産の譲渡の特例） 措法31の3	① 課税長期譲渡所得金額が6,000万円以下の場合 課税長期譲渡所得金額×10%（地方税4%） ② 課税長期譲渡所得金額が6,000万円を超える場合 （課税長期譲渡所得金額－6,000万円）×15% （地方税5%）＋600万円（地方税240万円）

図表　分離短期譲渡所得に係る所得税額（地方税額）の計算

一般所得分 （通常の場合） 措法32	課税短期譲渡所得金額×30%（地方税9%）
軽減所得 （国等に土地を譲渡した場合の特例） 措法32	課税短期譲渡所得金額×15%（地方税5%）

（注）図表において、平成25年から平成49年までの各年分の確定申告の際には、上記所得税と併せて、基準所得税額（原則として、その年分の所得税額）に2.1%の税率を乗じて計算した復興特別所得税を申告・納付します。

8 ファイナンス会社等に債権譲渡を行う

> ### 債権譲渡のポイント
> ・・
> 　この手法によると、オーナーにとってはオーナー会社からの借入金から、ファイナンス会社等からの借入金となるため、オーナーはファイナンス会社への返済計画をどのような方法によるかの方針を立てなくてはなりません。
> 　返済方法としては、毎月の返済や将来発生する役員退職金による手法等があります。

　企業における役員貸付金の存在は、法人の社会的・対外的な評価を低下させ、金融機関側の判断は、オーナーへの貸付金の存在を一般的に不良債権として認識することとなります。

　また、決算書に記載されているオーナーへの貸付金は、入札や取引をする際や、あるいは、所轄官庁等に提出する際に、企業の財務内容及び経営状態の判断の際に、悪い影響を与えます。

　さらに、毎年の決算においても、オーナーへの貸付金については、税法上、貸付利息を収益に計上し、会社へ支払わなければなりません。

　この結果、この貸付利息という収益に対して法人税が課せられることになります。

　そこで、解消方法として考えられているのは、ファイナンス会社等とオーナーへの貸付金について、債権譲渡契約を契約して、法人の役員貸付金勘定を失くす手法です。

　例えば、次のような順序でそれが行われることとなります。

201

① オーナー会社の取締役会において、貸付金の追認と債務弁済契約を締結します。
② オーナー会社とファイナンス会社にて債権譲渡契約を締結します。
③ その債権譲渡代金を原資として、オーナー会社がオーナーを被保険者とする生命保険契約に加入します。
④ ファイナンス会社は担保として生命保険証券に質権を設定します。
⑤ オーナー貸付金が精算され、オーナーがファイナンス会社への債務返済を開始します。

つまり、オーナーへの貸付金が生命保険積立金に転換されます。この結果、会社の決算書においては、オーナーへの貸付金という不良債権勘定が削除され、金融機関等への対外的評価も向上することとなるとともに、資産として計上された生命保険積立金は、そのオーナーへの役員退職金の原資等として利用することができることとなります。

これを図示すると、次のようになります。

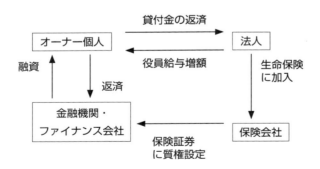

ただし、この手法は、債権譲渡契約の締結先であるファイナ

ンス会社、及び生命保険契約を締結する保険会社の選定あるいは引き受けを承諾してくれる相手先が存在するかどうかが重要なポイントです。

なお、「質権」とは、担保物権（他人の物を支配することによって、自己の債権の回収を確実にするための権利）の一つで、債権の担保として、債務が返済されるまでの間、物品や権利書などを債務者又は第三者から、債権者が預かっておき、債務を返済できない場合は、それらを売却等して優先的に弁済を受けることができる権利のことをいいます。

この債権譲渡契約書のひな型は、次のとおりです。

債権譲渡契約書

　譲渡人〇〇〇〇（以下「甲」という。）と、譲受人〇〇〇〇（以下「乙」という。）とは、次のとおり債権譲渡契約を締結した。

（目的）
第1条　甲は乙に対し、本日、下記の債権を金〇〇円で譲渡することを約し、乙はこれを譲受け、甲は乙よりこの代金を受領した。

記

　債権の表示
　　甲が、〇〇〇〇所在の株式会社〇〇（以下「丙」という。）に対して有する、平成〇〇年〇〇月〇〇日付金銭消費貸借契約書に基づく貸金返還請求権金〇〇〇万円

（債権譲渡通知）
第2条　甲は、本契約成立後、速やかに、前条の債権譲渡の通知を丙に対して行い、又は前条の債権譲渡に対する承諾を丙

203

から受けなければならない。

2　前項の通知又は承諾は、確定日付のある証書をもって行う。

3　甲は、第１条に定める通知を行い、又は丙から承諾を得た場合、直ちに上記通知書又は承諾書の写しを乙に交付する。

　以上の契約を証するため本契約書２通を作成し、甲乙両者記名捺印のうえ、各自その１通を保持する。

　　　　平成○○年○○月○○日

　　　　　　　譲渡人（甲）
　　　　　　　　　住所　東京都
　　　　　　　　　氏名　○○○○㊞
　　　　　　　譲受人（乙）
　　　　　　　　　住所　東京都
　　　　　　　　　氏名　○○○○㊞

　債権譲渡契約書は、旧債権者と新債権者が連署する方式のものが一般的です。しかし、債務者がこれを承諾することも併せて証明する三者契約のものもあります。

　このような文書は、いずれも債権譲渡契約の成立を証明する文書ですので、印紙税法基本通達別表第一第15号文書（債権譲渡に関する契約書）に該当します。

　なお、この場合の債権譲渡とは、債権をその同一性を失わせないで旧債権者から新債権者へ移転させることをいい、債権とは、他人をして将来財貨又は労務を給付させることを目的とする権利をいいます（国税庁　印紙税　質疑応答事例）。

執筆者紹介

野中　孝男

税理士（昭和 57 年登録）。

東京都出身，学習院大学経済学部卒業。

昭和 57 年野中孝男税理士事務所開設。

現在，東京税理士会京橋支部及び京橋税理士政治連盟相談役，税務会計研究学会・日本租税理論学会会員。

【主要著書】
『Q&A　寄附金課税の実務』（新日本法規）
『会社税務における保険活用法』（税務経理協会）
『節税便利事典』（ぎょうせい）　以上、すべて共著。

著者との契約により検印省略

平成30年５月10日　初　版　発　行	税の難問　解決へのアプローチ
平成31年２月20日　初版２刷発行	**整理したい！ 会社に対する**
	オーナー社長の金銭貸借

著　者	野　中　孝　男	
発行者	大　坪　克　行	
印刷所	株 式 会 社 技 秀 堂	
製本所	牧 製 本 印 刷 株 式 会 社	

発 行 所　東 京 都 新 宿 区　株式会社　税 務 経 理 協 会
　　　　　下落合２丁目５番13号

郵便番号 161-0033　振替　00190-2-187408　電話(03)3953-3301（編集代表）
　　　　　　　　　　　　　　　　　　　　　FAX(03)3565-3391　(03)3953-3325（営業代表）

URL http://www.zeikei.co.jp/

乱丁・落丁の場合はお取替えいたします。

Ⓒ　野中孝男　2018　　　　　　　　　Printed in Japan

本書の無断複写は著作権法上での例外を除き禁じられています。複写される
場合は，そのつど事前に，（社）出版者著作権管理機構（電話03-3513-6969,
FAX 03-3513-6979, e-mail：info@jcopy.or.jp）の許諾を得てください。

JCOPY 〈(社)出版者著作権管理機構 委託出版物〉

ISBN978-4-419-06519-5　C3032